# 论中国特色
# 社会主义制度

何毅亭　著

人民出版社

责任编辑：陈光耀
封面设计：石笑梦

**图书在版编目(CIP)数据**

论中国特色社会主义制度/何毅亭 著.—北京:人民出版社,2020.1
  (2020.8 重印)
ISBN 978－7－01－021805－2

Ⅰ.①论…　Ⅱ.①何…　Ⅲ.①中国特色社会主义-社会主义制度-研究
  Ⅳ.①D621

中国版本图书馆 CIP 数据核字(2019)第 301695 号

# 论中国特色社会主义制度
LUN ZHONGGUO TESE SHEHUIZHUYI ZHIDU

何毅亭　著

人 民 出 版 社 出版发行
(100706　北京市东城区隆福寺街 99 号)

中煤(北京)印务有限公司印刷　新华书店经销

2020 年 1 月第 1 版　2020 年 8 月北京第 2 次印刷
开本:710 毫米×1000 毫米 1/16　印张:10
字数:88 千字

ISBN 978－7－01－021805－2　定价:35.00 元

邮购地址 100706　北京市东城区隆福寺街 99 号
人民东方图书销售中心　电话 (010)65250042　65289539

# 出 版 说 明

　　这本小册子最初于 2020 年 1 月出版，所收文章都是我在党的十九届四中全会后学习全会精神的体会，集中围绕一个主题：以习近平新时代中国特色社会主义思想为指导，对中国特色社会主义制度的理论贡献、实践成就和显著优势作一些理论阐释。最初收录了 9 篇，本次印刷又增补了 2 篇。这些文章曾分别在《人民日报》《学习时报》等报刊公开发表过。应人民出版社之邀结集出版，是希望对读者增强中国特色社会主义制度自信有所帮助。

　　欢迎批评指正。

何 毅 亭

2020 年 8 月

# 目　　录

# 坚定中国特色社会主义制度自信

纵观历史五千年，中国特色社会主义制度是党和人民在长期实践探索中形成的科学制度体系，是中华制度文明发展史上的伟大成就，是当代中国发展进步的根本保障；环顾世界五大洲，中国特色社会主义制度是人类制度文明史上的伟大创造，是具有鲜明中国特色、明显制度优势、强大自我完善能力的先进制度。当今世界，要说哪种社会制度能够自信的话，中国特色社会主义制度是最有理由自信的。

## 一、中国特色社会主义制度是人类
## 制度文明史上的伟大创造

"行治修制"是人类发展史上的实践经验，制度优势是一个国家的最大优势，制度竞争是国家间最根本的竞争。回望新中国成立 70 多年来，中华民族之所以能迎来从站起来、富起来到强起来的伟大飞跃，最根本的原因是中国共产党领导人民建立和完善了中国特色社会主义制度，形成和发展了党的领导和经济、政治、文化、社会、生态文明、军事、外事等各方面制度。

一个国家选择什么样的制度，是由这个国家的历史文化、社会性质、经济发展水平决定的，是由这个国家的人民决定的。中国特色社会主义制度是厚植于中国历史文化传统，并将马克思主义制度理论与中国社会相结合，经过革命、建设、改革长期实践探索形成的，是理论创新、实践创新、制度创新相统一的成果，中国特色社会主义的伟大成就已经证明这一制度是人类制度文明史上的伟大创造。

（一）这个伟大创造在于，它是中国共产党把科学社会主义基本原理同中国具体实际相结合、成功开创的社会主义制度的民族形态、当代形态、中国形态

社会主义从理论到实践再到多国实践，乃至发展到今天的全部历程表明，社会主义制度是一般形态与特殊形态的统一体。社会主义制度一般形态的原理已经由马克思、恩格斯和列宁等经典作家作出了科学回答，这个一般形态寓于个别的社会主义形态中，只有通过一个个具体国家的社会主义制度才能体现出来，因而，只有呈现为具体的民

族形态、时代形态、国别形态才是现实的。也就是说，社会主义制度的实现形态没有也不可能有适合各国情况的统一模式，只能把科学社会主义基本原理同各国实际和时代特征相结合，走符合本国国情的社会主义道路，建立有本国特色的社会主义制度。这正如邓小平同志精辟透彻指出的："马克思列宁主义的普遍真理与本国的具体实际相结合，这句话本身就是普遍真理。"中国特色社会主义制度，就是马克思主义社会形态理论在中国的创造性实践，是科学社会主义学说在制度层面的具体化，是社会主义制度在中国的实现形式，为社会主义制度的国别探索和当代实践作出了开创性贡献。

作为社会主义制度的民族形态、当代形态、中国形态，中国特色社会主义制度创造性地传承了中国历史文化的精神血脉和优质基因。制度是表与里的统一，其"表"呈现为一系列外在的制度规范和制度框架，其"里"则蕴含着独特的制度文化和制度价值观。这种制度文化和制度价值观不可能是外来的强加移植，必须是数千年润物无声的内在演化与积淀。5000多年来中华优秀传统文化已经构筑为中华民族的精神基因，植根于中国人内心，潜移默化地影响着中国人的思想方式和行为方式，也深刻渗透到了中国特色社会主义制度体系的内核之中。比如"天下为公""和而不同""天人合一""协和万邦"等跨越古今的国家治理理念，已经深深烙印在中国特色社会主义制度中。

作为社会主义制度的民族形态、当代形态、中国形态，中国特色社会主义制度创造性地借鉴了人类制度文明的有益成果。中国特色社会主义制度从来不排斥任何有利于中国发展进步的他国国家治理经验，不排斥他国制度中有参考借鉴价值的好做法，而是博采众长，坚持以我为主、为我所用，取其精华、去其糟粕，在自我完善和发展中长期保持并不断增强自己的比较优势。比如，社会主义市场经济体制就是社会主义原则下对西方市场经济制度创造性超越的典范。中国既让市场在资源配置中起决定性作用，又更好发挥政府作用，开创了市场经济制度在当代历史发展阶段的最新样态。

（二）这个伟大创造在于，它是中国共产党和中国人民在长期实践探索中形成的社会主义科学制度体系，是一个集大成的"成套设备"

从特定意义上说，中国共产党近百年的历史也是中国特色社会主义制度的探索史，70多年的中华人民共和国历史也是中国特色社会主义制度的实践史，40多年的改革开放历史也是中国特色社会主义制度的发展史，党的十八大以来这几年也是中国特色社会主义制度进一步完善和发展的历史。

系统完备和结构科学是中国特色社会主义制度的两大特征。说中国特色社会主义制度是系统完备的，是说这一制度不仅有"四梁八柱"，更形成了完备的制度之网。党的十九届四中全会提出坚持和完善党的领导制度体系，人民当家作主制度体系，中国特色社会主义法治体系，中国特色社会主义行政体制，社会主义基本经济制度，繁荣发展社会主义先进文化的制度，统筹城乡的民生保障制度，共建共治共享的社会治理制度，生态文明制度体系，党对人民军队的绝对领导制度，"一国两制"制度体系，独立自主的和平外交政策，党和国家监督体系等。这 13 个方面的制度构成了中国特色社会主义制度的总体图谱，涵盖了中国共产党治党治国治军等各个方面，涵盖了内政外交国防等各个领域，构成了系统完备、科学规范、运行有效的科学制度体系。

说中国特色社会主义制度是结构科学的，是说在这一制度体系中既有根本制度、基本制度，又有建立在根本制度、基本制度基础上的经济体制、政治体制、文化体制、社会体制、生态文明体制等事关国家治理各个方面的重要制度。

中国特色社会主义根本制度，就是那些体现中国特色社会主义本质特征和国家性质、从根本上保证中国特色社会主义方向、在中国特色社会主义制度中起决定性作用的制度。包括党的领导根本制度、人民民主专政根本制度、人民代表大会根本制度、马克思主义在意识形态领域指导地位根本制度、党对人民军队的绝对领导根本制度等。中国特色社会主义根本制度，在我国国家制度和国家治理体系"四梁八柱"中起着"主梁"和"顶梁柱"作用，从根本上体现了中国特色社会主义的制度优势。

中国特色社会主义基本制度，就是那些体现我国社会主义性质，规定着国家政治生活、经济生活基本原则，对国家经济社会发展具有重大影响的制度。包括中国共产党领导的多党合作和政治协商制度、民族区域自治制度、基层群众自治制度等基本政治制度，公有制为主体、多种所有制经济共同发展，按劳分配为主体、多种分配方式并存，社会主义市场经济体制等社会主义基本经济制度。

中国特色社会主义重要制度，是由中国特色社会主义根本制度、中国特色社会主义基本制度派生的国家治理各领域各方面的主体性制度，是建立在根本制度、基本制度基础之上的关于法律法治、行政管理、文化建设、民生保

障、社会治理、生态文明、"一国两制"、对外事务、党
和国家监督等方面的主体性制度。中国特色社会主义重要
制度，连接国家治理体系的顶层即根本制度、基本制度，
向下延伸到社会生产生活的方方面面，使国家治理的总体
要求、总体目标和一系列政策举措落实落细，使中国特色
社会主义制度优势和国家治理体系的功能作用得到充分
发挥。

（三）这个伟大创造还在于，它是人类通往现代化
的一种全新制度选择，是中国共产党为人类探索更好社
会制度所提供的中国方案

在西方资本主义生产方式及其制度模式大行其道的历
史阶段，坚持和发展社会主义并不是一件容易的事情。科
学社会主义承载着人类探索消灭剥削、实现更美好社会制
度的理想和使命一路走来，有过慷慨悲歌，有过高歌猛
进，也遭受过曲折徘徊、困境低潮。上世纪 80、90 年代，
西方社会甚至宣称"历史已经终结"于资本主义制度，
资本主义自由民主制度是"人类意识形态进化的终点"
和"人类最后一种统治形式"。但是，改革开放以来特别
是随着中国特色社会主义进入新时代，中国共产党人在世
界上高高举起了中国特色社会主义伟大旗帜，宣告了马克

思主义"破产论"的破产、"历史终结论"的终结、社会主义"失败论"的失败，两种意识形态、两种社会制度的较量在世界范围内发生了有利于马克思主义和社会主义的深刻转变。这对于在新的时代条件下坚持和发展马克思主义、对于推动人类社会的进步和发展，具有重大意义，无疑是中国特色社会主义制度彪炳史册之功。

中国特色社会主义制度对人类制度文明的重大贡献是全方位的，相比西方制度文明的优势是整体性的。比如，党的全面领导制度相比西方三权分立制度具有明显优势，能够保证党领导人民有效治理国家，切实防止出现群龙无首、一盘散沙的现象；人民代表大会制度相比西方代议制民主具有明显优势，能够保证人民依法实行民主选举、民主决策、民主管理、民主监督，切实防止出现选举时漫天许诺、选举后束之高阁的现象；中国共产党领导的多党合作和政治协商制度相比西方多党制具有明显优势，能够加强社会各种力量的合作协调，切实防止出现党争纷沓、相互倾轧的现象；民族区域自治制度相比西方的有关制度具有明显优势，能够保障各民族和睦相处、和衷共济、和谐发展，切实防止出现民族隔阂、民族冲突、民族歧视的现象；基层群众自治制度相比西方形式民主具有明显优势，能够保障人民依法直接行使民主权利，切实防止出现人民形式上有权、实际上无权的现象；社会主义基本经济制度相比西方经济制度具有明显优势，能够既保证市场活力又更好发挥政府作用，切实防止出现市场扭曲、两极分化的现象；等等。

中国特色社会主义制度并不止步于实现社会主义现代化，它所思考的是如何在经济全球化背景下、在竞争日趋激烈的国际环境中维护世界和平、促进共同发展这一普遍问题；它所回应的是如何让一个社会中更多的人过上更加幸福、更有尊严的生活这一共同期待；它所体现的是在既定的生产力框架下如何让制度更好适应生产力的发展要求并推动生产力向更高水平发展这一一般性规律。所有这些，不仅对当今中国有重大的意义和价值，而且对当今世界上很多国家同样有重大的意义和价值。新中国 70 多年的实践向世界说明了一个真理：治理一个国家、推动一个国家实现现代化，并不是只有西方制度模式这一条道路，各国完全可以走出自己的道路来。"中国之治"及其展现的中国特色社会主义制度优势，向世界展示了现代化道路的多样性、人类文明的丰富性，以及国家制度和国家治理体系的可选择性，为人类探索更好社会制度贡献了中国智慧和中国方案。尽管中国反复重申既不"输入"外国模式也不"输出"中国模式，更不会要求别国"复制"中国的做法，但是中国的发展道路和制度体系还是受到世界上越来越多国家的认同，中国特色社会主义制度呈现出越来越重要的世界意义。

## 二、从历史认知、现实评判和未来预期相统一的视角看，中国特色社会主义制度最有理由自信

在人类文明的探索过程中，制度一直是一个文明类型的最重要标识。判定一个制度是否值得自信，需要立足于历史、现实以及未来三重向度加以考量。正是基于这三点，中国特色社会主义制度表现为对中国特色社会主义制度的历史选择充分肯定，对中国特色社会主义制度的现实表现充分认可，对中国特色社会主义制度的发展前景充分期待。

### （一）中国特色社会主义制度自信的历史依据

中华民族在几千年历史演进中创造了灿烂的古代文明，产生形成了一整套包括朝廷制度、郡县制度、土地制度、税赋制度、科举制度、监察制度、军事制度等各方面制度在内的国家制度和国家治理体系，为周边国家与民族

所学习和模仿。进入近代以来，封建统治腐朽无能，帝国主义列强入侵，导致中国逐步沦为半殖民地半封建社会，统治中国几千年的君主专制制度陷入全面危机。为了救亡图存，改变中国的前途命运，无数仁人志士开始探寻新的国家制度和国家治理体系，尝试了君主立宪制、议会制、多党制等各种制度模式，但都以失败而告终。历史表明，在中国，对腐朽没落的旧制度，改良修补之路走不通，照搬西方政治制度模式也行不通，必须彻底推翻剥削阶级统治广大人民的政治制度，建立和实行人民当家作主的新型政治制度。

中国特色社会主义制度，就是中国共产党团结带领中国人民在推翻帝国主义、封建主义和官僚资本主义的反动统治之后，创造性地运用马克思主义国家学说，在不断探索和实践中建立起来的保证亿万人民当家作主的全新国家制度。这一制度发端于我们党领导新民主主义革命时期在根据地执政的宝贵实践，经历了新中国成立后29年、党的十一届三中全会后34年、党的十八大以来几年这三个大的历史阶段，是党和人民长期奋斗、接力探索、历尽千辛万苦、付出巨大代价取得的。

第一个阶段，从新中国成立到党的十一届三中全会前，我们党确立了人民当家作主的国家制度，建立起社会主义基本制度，探索适合国情的社会主义建设道路，为当代中国一切发展进步奠定了根本政治前提和制度基础。1949 年 9 月，中国人民政治协商会议第一届全体会议通过的具有临时宪法作用的《中国人民政治协商会议共同纲领》，确立人民民主专政为新中国国体，确立人民代表大会制度为新中国政体，还确立了中国共产党领导的多党合作和政治协商制度，确立了在统一的多民族国家内实行民族区域自治制度。1954 年 9 月，第一届全国人民代表大会第一次会议的召开，标志着作为新中国根本政治制度的人民代表大会制度正式确立。这次会议通过的新中国第一部宪法，对人民民主专政的国家性质和人民代表大会制度的根本政治制度，对中国共产党领导的多党合作和政治协商制度、民族区域自治制度等国家基本政治制度作出了更为完备的规定。1956 年，随着社会主义改造基本完成，我国确立了社会主义基本制度，成功实现了中国历史上最伟大最深刻的社会变革。这 29 年，党领导人民建立的国家制度，总体上适合中国实际、适应我国当时的经济基础，虽然还存在初创阶段的不够成熟、不尽完善，但它开创性地建立了人民当家作主的新型国家制度，这是很了不起的。

第二个阶段，党的十一届三中全会开启了改革开放历史新时期，也开启了中国特色社会主义制度自我完善和发展的历史新征程。从那以后，党带领人民积极推进党的领导体制和经济体制、政治体制、文化体制、社会体制、生态文明体制、军事体制等方面改革，不断完善和发展中国特色社会主义制度，国家治理体系的活力和效率不断提升。比如，健全和完善党和国家的领导制度，健全和完善我国根本政治制度，健全和完善我国基本政治制度，健全和完善我国社会主义基本经济制度，健全和完善中国特色社会主义法治体系，等等。

第三个阶段，党的十八大以来，通过统筹推进"五位一体"总体布局、协调推进"四个全面"战略布局，推动中国特色社会主义制度更加完善、国家治理体系和治理能力现代化水平明显提高，为党和国家事业发生历史性变革、取得历史性成就提供了有力保障。比如，坚持和加强党的全面领导，进一步健全维护党中央权威和集中统一领导的制度，坚持和完善全面从严治党制度，坚持和完善中国特色社会主义法治体系，坚持和完善人民当家作主的制度。此外，在坚持和完善经济、文化、社会、生态文明、军事、外事等方面制度上，也都取得历史性进展。

总的来说，中国特色社会主义制度是从5000多年中华政治文明赓续发展中走过来的，是从近代以来中国人民反抗外来侵略、争取民族独立解放的斗争中走过来的，是从社会主义事业的艰苦创立和艰辛探索中走过来的，是党和人民在长期实践探索中形成的科学制度体系。历史和现实告诉我们，只有社会主义才能救中国，只有中国特色社会主义才能发展中国，只有中国特色社会主义制度才是实现中华民族伟大复兴的唯一制度选择。这是历史的结论，也是我们坚定制度自信的底气所在。

（二）中国特色社会主义制度自信的现实成就

从历史唯物主义观点看，一个好制度归根到底要表现在社会生产力的发展上，人民物质文化生活的改善上，国家综合国力的提升上，社会的长期稳定上。新中国成立70多年来，中国共产党领导人民创造了世所罕见的两大奇迹。一是经济快速发展奇迹。从一穷二白到经济总量稳居世界第二，从人民温饱不足到进入世界中等收入国家行列，从农业大国到工业制造业第一大国，从物资短缺到成为全球货物贸易第一大国，从对外封闭到参与全球治理，从跟随经济全球化步伐到立于经济全球化潮头，从世界体系边缘到日益走近世界舞台中央，中国用几十年时间走完了发达国家几百年走过的工业化历程，综合国力、科技实力、国防实力、文化影响力、国际影响力显著提升，人民生活显著改善，中华民族以崭新姿态屹立于世界的东方。二是社会长期稳定奇迹。我国长期保持社会和谐稳定、人民安居乐业，成为国际社会公认的最有安全感的国家之一。可以说，在人类文明发展史上，除了中国特色社会主义制度外，没有任何一种国家制度能够在这样短的历史时期内创造出我国取得的经济快速发展、社会长期稳定这样的奇迹。

中国奇迹，从根本上说正是中国特色社会主义制度的奇迹。中国道路的成功，离不开中国共产党的治理优势，离不开中国特色社会主义制度体系，离不开国家治理体系和治理能力。相对于三权分立、多党竞选、轮流坐庄的西方政治制度和治理模式，中国特色社会主义制度和国家治理体系具有鲜明的比较优势。特别是，这一制度具有社会整合的能力，可以有效整合社会资源，集中力量办大事，避免了西方的"极化政治"和"否决政体"；这一制度具有战略规划的定力，可以保持大政方针的稳定性、连续性，对攸关长远的事情"一届接着一届干"，避免了西方"一届对着一届干"的制度恶果；这一制度强调决策执行的效率，对认准的事情有序推进，不争论、不折腾，拿事实说话，这在那些为反对而反对的西方议会制度和政党体制下是不可想象的；这一制度具有选贤任能的优势，可以保证国家领导层有序更替，避免了西方在执政团队选拔中受制于财团牵制、民粹裹挟、党派割裂等弊端。

邓小平同志曾在上个世纪80年代说："我们中国要用本世纪末期的二十年，再加上下个世纪的五十年，共七十年的时间，努力向世界证明社会主义优于资本主义。我们要用发展生产力和科学技术的实践，用精神文明、物质文明建设的实践，证明社会主义制度优于资本主义制度，让发达的资本主义国家的人民认识到，社会主义确实比资本主义好。"今天，距离邓小平同志划定的时间节点虽然还有30年时间，但世所罕见的中国奇迹，"中国之治"与"西方之乱"的强烈对比，已经足以支撑起中国特色社会主义制度自信。

（三）中国特色社会主义制度自信的理论优势

社会形态演变是一个自然历史过程，社会主义是人类社会发展的必然趋势。马克思主义认为，资本主义社会是"人类社会的史前时期"，是最后一种立足私有制基础上的社会形态。未来新社会，不是用一种剥削制度去代替另一种剥削制度，而是要结束一切剥削压迫制度，最终建立一个没有阶级剥削和阶级压迫的全新社会制度，开辟人类自觉创造历史的新时代。这个新社会新制度，经典作家称之为共产主义。今天，我们正处于共产主义社会的第一阶段——社会主义阶段，准确地说是正处于并将长期处于社会主义初级阶段。这一阶段离完全的共产主义还很远，与未来理想社会制度之间还有很大间距，但那不是否定现实社会主义制度的理由。苏联制度模式的失败，只是僵化模式的失败，绝不意味着社会主义制度的失败。今天，中国已经站立于人类社会制度的崭新地平线上，展望无限美好的光明前景，我们有什么理由不自信。

中国特色社会主义制度是科学社会主义理论逻辑和中国制度发展历史逻辑的辩证统一，是马克思主义社会形态理论在中国的创造性实践。中国特色社会主义制度不是别的什么制度，而是名副其实的社会主义制度，是科学社会主义制度学说与中国具体实际相结合的制度产物。恩格斯曾经说过："所谓'社会主义社会'不是一种一成不变的东西，而应当和任何其他社会制度一样，把它看成是经常变化和改革的社会。"特别是在中国这样经济文化落后的半殖民地半封建的东方大国夺取全国政权、建立社会主义制度，是马克思主义发展史上的崭新课题，更要把马克思主义制度学说同中国制度建设具体实际结合起来，不断探索实践，不断改革创新，建设有本国特色的社会主义制度。70 多年来，中国特色社会主义制度随着实践的深入和发展，越来越焕发出强大生机活力。从马克思主义发展史来看，中国特色社会主义制度是马克思主义国家学说的伟大成果，是社会主义制度史上的伟大创造，是具有坚实学理支撑和鲜明中国特色的先进制度，我们完全有理由自信。

（四）中国特色社会主义制度自信的主体基础

看一个制度优越不优越、是不是有自信，应当从政治等方面去评判和把握，主要看是否符合国情、是否有效管用、是否得到人民拥护。人民是我们最大的靠山，中国特色社会主义制度的创立是人民的选择，中国特色社会主义制度的发展完善也是基于人民的利益和意愿。鞋子合不合脚，自己穿了才知道。一个国家的制度是不是好，本国人民最有发言权。我国是工人阶级领导的、以工农联盟为基础的人民民主专政的社会主义国家，国家的一切权力属于人民。始终代表最广大人民的根本利益，保证人民当家作主，是我国国家制度和国家治理体系的本质属性，也是中国特色社会主义制度和国家治理体系区别于西方资本主义制度和国家治理体系的根本所在。

中国特色社会主义制度坚持党的领导、人民当家作主、依法治国有机统一，把党的领导作为人民当家作主和依法治国的根本保证，把人民当家作主作为社会主义民主政治的本质特征，把依法治国作为党领导人民治理国家的基本方式，推动三者统一于我国社会主义民主政治伟大实践。习近平总书记强调："民主不是装饰品，不是用来做摆设的，而是要用来解决人民要解决的问题的。"我国的人民当家作主制度，具体地、现实地体现在中国共产党执政和国家治理之中，具体地、现实地体现在党和国家机关各个方面、各个层级的工作之中，具体地、现实地体现在人民依法通过各种途径和形式管理国家事务、管理经济和文化事业、管理社会事务的实践之中，是服务全体人民、保障全体人民根本权益的制度，而不是为某一个特定阶级、特定集团利益服务的制度。这正是中国特色社会主义制度有效运行、不断完善、巩固发展的根基所在，也是中国特色社会主义制度深受人民拥护和信赖的关键所在。

人民性是中国特色社会主义制度的本质属性。中国特色社会主义制度源于人民、为了人民、代表人民、依靠人民、服务人民，在人类制度文明史上第一次科学回答了"制度代表谁、为了谁、依靠谁、服务谁"这个首要的基本问题。在中国特色社会主义制度体系框架下，党的领导制度体系确保党的先锋队性质和为人民服务的宗旨永不变色，人民当家作主制度体系确保国家的一切权力属于人民，中国特色社会主义法治体系确保实现社会公平正义，中国特色社会主义行政体制确保一切行政机关为人民服务、对人民负责、受人民监督，社会主义基本经济制度确保国家经济命脉掌握在人民手中和共同富裕的价值目标，繁荣发展社会主义先进文化的制度确保文化为人民服务、为社会主义服务，统筹城乡的民生保障制度确保改革发展成果更多更公平惠及全体人民，共建共治共享的社会治理制度确保人民安居乐业、社会安定有序，生态文明制度体系确保人与自然和谐共生，党对人民军队的绝对领导制度确保人民军队为人民的性质、宗旨、本色，独立自主的和平外交政策确保维护国家主权、安全、发展利益，"一国两制"制度体系确保捍卫中华民族共同体和中华儿女共有精神家园，党和国家监督体系确保党和人民赋予的权力始终用来为人民谋幸福，等等。美国皮尤研究中心的最新民调显示，2019 年度中国民众对政府的满意度超过 86%，为全球最高，远高于世界平均水平的 47%。政府满意度折射出来的正是人民对中国特色社会主义制度和国家治理体系的高度认可和充分信赖。

## （五）中国特色社会主义制度自信的世界视野

从制度属性和制度构成来比较，中国特色社会主义制度是中国共产党和中国人民的伟大创造，为人类制度文明作出了原创性的中国贡献。这种原创性在于：它创造了一套以社会主义为性质定向的成套制度体系，动摇了资本主义制度文明和制度体系的所谓普世地位；它创造了一套一党领导、多党参政合作的新型政党制度，打破了西方政党模式的唯一性；它创造了一套以人民利益为价值取向的制度体系，不同于资本逻辑操控的西方制度；它创造了一套民主与集中有机结合的制度体系，超越了党争纷沓、相互倾轧的西方民主制度；它创造了一套包括公有制为主体、多种所有制经济共同发展，按劳分配为主体、多种分配方式并存，社会主义市场经济体制等在内的社会主义基本经济制度，超越了西方基本经济制度；它创造了一套以和平外交为主轴的外交政策，摆脱了西方制度的霸权逻辑和所谓"修昔底德陷阱"，等等。这些都充分说明，中国特色社会主义制度不是舶来品、飞来峰，而是具有"自主知识产权"的"中国创造"，我们完全有理由自信。

从制度效能来比较，中国特色社会主义制度是一套与西方制度完全异质却更加成功的现代制度体系。中国以不同于西方的国家制度和国家治理体系，花费比西方少得多的时间，付出比西方小得多的代价，取得了比西方更大的成就，中国制度的样本意义是其他国家难以比肩的。它拓展了发展中国家走向现代化的途径，宣告了"全球化＝西方化""现代化＝西方化"的简单和偏颇，给那些既希望加快发展又希望保持自身独立性的国家和民族提供了全新的制度方案、治理模式；它展示了"中国之治"的美好图景，给那些正处于经济停滞、民族分裂、政局动荡中的国家和人民提供了重要启迪，给那些迷信西方制度、总是幻想"向西方取经"的国家和民族提供了重要警醒，给那些热衷搞制度输出、到处制造"颜色革命"的国家和政府注入了一剂清醒剂；它激发了世界社会主义运动的生机活力，在全世界高高举起了中国特色社会主义伟大旗帜，指明了摆脱全球资本统治的全新出路，推动世界社会主义运动进入新阶段。比较西方制度，中国风景正好。中国特色社会主义制度的巨大成功具有鲜明的世界历史意义，我们完全有理由自信。

制度自信，说到底是一种理性的自信、清醒的自信，是一种兼收并蓄、开放包容的自信。自美其美是自信，美人之美也是自信。故步自封是不自信的表现，孤芳自赏是盲目自信的表现。正视自身制度的不足，吸收人类政治文明的优长，才能取长补短、不断完善发展。那种以自傲为特征、以"普世"为使命的西方制度观不是自信而是自大，以自恋为取向、以封闭为特征的狭隘制度观不是自信而是自闭。我们之所以对中国特色社会主义制度有自信，一个重要方面就在于我们善于吸收其他制度的长处，善于坚守自身的长处，善于把别人的长处与自己的长处相结合，结果一定会更加凸显自身的优长。

## 三、在改革发展中进一步坚定中国特色社会主义制度自信

制度建设是一个过程，制度自信也是一个过程。任何制度都是从建立、发展、完善到成熟定型的，不存在与生俱来、一劳永逸的社会制度。任何社会的制度自信也同样是一个不断生成、不断展开的过程。今天，中国的发展方位、国际方位、政党方位都发生了历史性变化，历史中积累起来的制度自信底蕴深厚，新时代培育起来的制度自信更加持久。

历史唯物主义辩证法始终坚持实践推进认识的不断深化，立足中国特色社会主义实践，我们对中国特色社会主义制度的探索也要与时俱进。随着中国特色社会主义进入

新时代，我国社会主要矛盾已经转化为人民日益增长的美好生活需要和不平衡不充分的发展之间的矛盾，我国国家治理面临许多新任务新要求，必然要求中国特色社会主义制度和国家治理体系更加完善、不断发展。

党的十九届四中全会审议通过的《中共中央关于坚持和完善中国特色社会主义制度、推进国家治理体系和治理能力现代化若干重大问题的决定》（以下简称《决定》），为新时代建设更加成熟更加定型的中国特色社会主义制度作出了战略部署，是指导我国国家制度建设的纲领性文献。按照《决定》要求着力构建系统完备、科学规范、运行有效的制度体系，就一定能完成推动中国特色社会主义制度更加成熟更加定型的重大任务，为增强制度自信奠定更加坚实的基础。首先，要坚持"总体目标"不动摇。《决定》提出的坚持和完善中国特色社会主义制度、推进国家治理体系和治理能力现代化的"三步走"总体目标，凝聚了几代中国共产党人的意愿和心血，体现了以习近平同志为核心的党中央对完善国家制度和国家治理体系的战略眼光和政治定力，必须毫不动摇地贯彻实施。其次，要突出"四个治理"不偏废。党的十九届四中全会提出的系统治理、依法治理、综合治理、源头治理，是对我国长期治国理政实践的经验总结，也是将我国制度优势转化为治理效能、推动各方面制度更加成熟更加定型的重大任务，必须毫不动摇地贯彻实施。最后，要抓好"四大任务"不松懈。《决定》提出了"固根基、扬优势、补短板、强弱项"四大任务，为新时代完善发展中国特色社会主义制度指明了方向，必须毫不动摇地贯彻实施。

党的十九届四中全会描绘了坚持和完善中国特色社会主义制度、推进国家治理体系和治理能力现代化的美好蓝图，制定了制度建设的时间表、路线图。现在最重要的就是抓好落实，从三个方面完善发展中国特色社会主义制度。

一是坚持和完善现有制度。人类社会制度进化只有进行时，没有终点站。全面深化改革的本质是社会主义制度自我完善和发展，而不是对社会主义制度改弦更张。改什么、不改什么，我们有定力；有些不能改的，再过多长时间也不能改。新中国成立以来特别是改革开放以来，我们逐步形成了一系列符合国情、行之有效的中国特色社会主义制度体系，必须长期坚持。同时，完善是最好的坚持。《决定》提出 13 个"坚持和完善"，说明这 13 个方面制度都存在进一步完善发展的空间。尤其是具体制度以及体制机制，还有不少短板和弱项，有些甚至成为制约发展和稳定的瓶颈。"补短板""强弱项"，就是要把各方面制度、体制机制、操作程序等完善起来，搞好集成总装，使中国特色社会主义制度优势更加显著。

坚持和完善中国特色社会主义制度还包含另一层意思，就是及时调整制度的层级和位阶。随着中国特色社会主义事业发展，我们对中国特色社会主义制度的认识也在深化，有必要及时调整制度的层级和位阶。比如，《决定》首次根据制度的重要性和地位，把中国特色社会主义制度中起"四梁八柱"作用的制度明确区分为根本制度、基本制度、重要制度；首次提出"党的领导制度体系"这个重大概念，并且明确其在我国国家制度和国家治理体系中处于统领地位；首次对社会主义基本经济制度内涵作出重要拓展，将按劳分配为主体、多种分配方式并存的分配制度和社会主义市场经济体制纳入基本经济制度范畴，升级为一项基本制度；等等。这样的制度层级和位阶调整，随着今后实践的深化还将继续进行。

二是从实际出发建立新制度。任何国家的体制、机制和具体制度都是调节社会矛盾、规范社会秩序的产物。旧的矛盾解决了，新的矛盾又会产生，旧的体制、机制和具体制度不适用、不够用或者不能用了，就需要根据社会现实状况建立新的制度。社会矛盾新旧更替，各方面制度推陈出新，是社会发展进化中的常态现象。

坚持和完善中国特色社会主义制度、推进国家治理体系和治理能力现代化，既要保持国家制度和国家治理体系的稳定性和延续性，又要从实际出发抓紧制定各方面急需的制度，以满足人民对美好生活的新期待，以适应经济社会发展的新要求，以保障国家长治久安的大目标，以顺应当今世界百年未有之大变局。习近平总书记指出："我们要在坚持好、巩固好已经建立起来并经过实践检验的根本制度、基本制度、重要制度的前提下，坚持从我国国情出发，继续加强制度创新，加快建立健全国家治理急需的制度、满足人民日益增长的美好生活需要必备的制度。"党的十八大以来，以习近平同志为核心的党中央着眼党和国家长治久安，从政治和全局高度推进监督制度改革，建立集中统一、权威高效的党和国家监督体系；着眼建设美丽中国，着眼解决人与自然的矛盾，建立最严格的生态环境保护制度，建立资源高效利用制度，健全生态保护和修复制度，建立生态环境保护责任制度；等等。这些制度都是适应新的社会矛盾的产物，都是适应实际需要的结果。

三是将成熟经验做法确立为制度。制度，在一定意义上就是经验的理性化、条理化，或者说是理性化、条理化的经验。好的经验只有上升为理论、外化为制度、转化为体制机制，才能管全局、管根本、管长远。

中国特色社会主义事业是前无古人的开创性事业，没有可供套用的现成模板，只能在摸索中前进。及时总结成功经验、成熟做法和改革成果，将其上升为制度规定，作为制度固定下来，不断发展完善中国特色社会主义制度和国家治理体系，这是我们党治国理政的一条重要经验。习近平总书记在十九届中央政治局第十七次集体学习时强调，我们"要及时总结实践中的好经验好做法，成熟的经验和做法可以上升为制度、转化为法律"。《决定》在总结我们党长期历史经验特别是党的十八大以来新鲜经验的基础上，第一次明确提出建立不忘初心、牢记使命的制度，并且把坚持马克思主义在意识形态领域的指导地位明确为一项根本制度，如此等等的制度都是我们党治国理政经验的升华。

总之，历史不会终结，制度建设不能止步。制度自信不是喊出来的，而是干出来的。进入新时代，中国特色社会主义制度自信，关键取决于制度建设成效和国家治理效能。我们必须以开拓进取精神，久久为功，善作善成，把党的十九届四中全会描绘的宏伟蓝图绘就在中华大地上，为坚持和完善中国特色社会主义制度写出新的时代篇章，为坚定中国特色社会主义制度自信夯实底座、厚植根基，为实现"两个一百年"奋斗目标提供根本制度保障。

# 中国特色社会主义制度好在哪里

中国特色社会主义制度是具有鲜明中国特色、显著制度优势、强大自我完善能力的先进制度，为中华民族迎来从站起来、富起来到强起来的伟大飞跃提供了根本制度保证。"中国之治"的核心密码正在于"中国之制"。

## 中国特色社会主义制度
## 具有独特创造性

一个国家选择什么样的国家制度，是由这个国家的历史传承、文化传统、经济社会发展水平决定的，是由这个国家的人民决定的。中国特色社会主义制度从我国悠久的政治文化传统中生长起来，从近代以后中国反抗外来侵略、争取民族独立和人民解放的斗争中生长起来，从社会主义事业的艰苦创立和艰辛探索中生长起来，是中国共产党和中国人民的伟大创造，也是人类制度文明史上的伟大创造。

这个制度的创造性在于，它是马克思主义社会形态理论在中国的创造性实践，是科学社会主义学说在制度层面的具体化，是社会主义制度在中国的实现形式。社会主义从理论到实践再到多国实践乃至发展到今天的全部历程表明，社会主义制度是一般形态与特殊形态的统一体。社会主义制度一般形态的原理已经由马克思、恩格斯和列宁等经典作家作出科学回答，这个一般形态只有通过一个个具体国家的社会主义制度才能体现出来，只有呈现为具体的民族形态、时代形态、国别形态才是现实的。也就是说，社会主义制度的实现形态没有也不可能有适合各国情况的统一模式，只能是把科学社会主义基本原理同各国实际和时代特征相结合，走符合本国国情的社会主义道路，建立有本国特色的社会主义制度。邓小平同志指出："马克思列宁主义的普遍真理与本国的具体实际相结合，这句话本身就是普遍真理。"

这个制度的创造性在于，它是中国共产党领导中国人民在革命、建设、改革长期实践探索中形成的科学制度体系。我们党在革命、建设、改革历程中，依据马克思主义基本原理，从我国国情出发，凝聚人民群众的智慧和力量，持续建构科学、规范、稳定的制度体系，为国家发展提供了制度保障和制度支撑。新中国成立后，人民代表大会制度、中国共产党领导的多党合作和政治协商制度等的建立，奠定了中华民族从站起来、富起来走向强起来的制度基础。改革开放以来，通过各方面体制机制的改革创新，我国国家制度和国家治理体系不断完善。中国特色社会主义制度由一整套制度构成严密完整、系统集成的制度体系，包括党的领导制度体系、人民当家作主制度体系、中国特色社会主义法治体系、中国特色社会主义政府治理体系、社会主义基本经济制度、社会主义先进文化制度、民生保障制度、社会治理制度、生态文明制度体系、党对人民军队的绝对领导制度、"一国两制"制度体系、对外事务制度、党和国家监督体系等方面。在中国特色社会主义制度体系中，起四梁八柱作用的是根本制度、基本制度、重要制度，其中具有统领地位的是党的领导制度。我国国家治理一切工作和活动都依照中国特色社会主义制度展开，形成覆盖各方面各领域的国家治理体系和治理能力，保障国家生活和社会生活正常运转。

这个制度的创造性在于，它是中国共产党为人类探索更好社会制度所提供的中国方案。西方一些人认为，西方制度是实现现代化的唯一选择，是普世的制度模式。历史终结论者则宣称，资本主义自由民主制度是"人类意识形态进化的终点"和"人类最后一种统治形式"。新中国70年的实践向世界说明一个真理：治理一个国家、推动一个国家实现现代化，并不是只有选择西方制度模式这一条道路，各国完全可以走出自己的道路来。每个国家、每个民族都有权选择适合自己的制度，开创具有本国特色的现代化道路。中国特色社会主义制度的巨大成功，就是有力证明。"中国之治"及其展现的中国特色社会主义制度优势，向世界展示了现代化道路的多样性、人类文明的丰富性以及国家制度和国家治理体系的可选择性，为发展中国家走向现代化提供了全新选择。

## 中国特色社会主义制度
## 具有巨大优越性

看一个制度好不好、优越不优越，应当从政治上、大的方面去评判和把握，主要看是否符合国情、是否有效管用、是否得到人民拥护。"鞋子合不合脚，自己穿了才知道。"世界上没有完全相同的政治制度模式，政治制度不能脱离特定的社会政治条件和历史文化传统来抽象评判，更不能生搬硬套外国政治制度模式。

　　中国特色社会主义制度是有多方面显著优势的国家制度。习近平同志在庆祝全国人民代表大会成立 60 周年大会上的重要讲话中提出了衡量政治制度"八个能否"的标准，指出：评价一个国家政治制度是不是民主的、有效的，主要看国家领导层能否依法有序更替，全体人民能否依法管理国家事务和社会事务、管理经济和文化事业，人民群众能否畅通表达利益要求，社会各方面能否有效参与国家政治生活，国家决策能否实现科学化、民主化，各方面人才能否通过公平竞争进入国家领导和管理体系，执政党能否依照宪法法律规定实现对国家事务的领导，权力运用能否得到有效制约和监督。党的十九届四中全会从 13 个方面凝练概括的中国特色社会主义制度的显著优势，体现了"八个能否"的衡量标准，证明中国特色社会主义制度是一个行得通、真管用、有效率的制度。中国特色社会主义制度之所以具有 13 个方面的显著优势，很重要的在于我们党把开拓正确道路、发展科学理论、建设有效制度有机统一起来，用中国化的马克思主义、发展着的马克思主义指导国家制度建设，及时把成功实践经验转化为制度成果，使我国国家制度既体现科学社会主义基本原则，又具有鲜明的中国特色、民族特色、时代特色；很重要的还在于这个制度从来不排斥任何有利于中国发展进步的他国国家治理经验，而是博采众长，坚持以我为主、为我所用，去其糟粕、取其精华，能够在自我完善和发展中长期保持和不断增强自己的优越性。

中国特色社会主义制度是保证人民当家作主的国家制度。我国是工人阶级领导的、以工农联盟为基础的人民民主专政的社会主义国家，国家的一切权力属于人民。中国特色社会主义制度坚持党的领导、人民当家作主、依法治国有机统一，把党的领导作为人民当家作主和依法治国的根本保证，把人民当家作主作为社会主义民主政治的本质特征，把依法治国作为党领导人民治理国家的基本方式，推动三者统一于我国社会主义民主政治伟大实践。习近平同志强调："民主不是装饰品，不是用来做摆设的，而是要用来解决人民要解决的问题的。"我国的人民当家作主制度，具体地、现实地体现在中国共产党执政和国家治理之中，具体地、现实地体现在党和国家机关各个方面、各个层级的工作之中，具体地、现实地体现在人民依法通过各种途径和形式管理国家事务、管理经济和文化事业、管理社会事务的实践之中，是服务全体人民、保障全体人民根本权益的制度，而不是为某一个特定阶级、特定集团利益服务的制度。这正是中国特色社会主义制度与资本主义制度的根本区别所在，也是中国特色社会主义制度有效运行、不断完善、巩固发展的基础所在。

中国特色社会主义制度是解放和发展社会生产力、增强社会活力的国家制度。新中国成立以来特别是改革开放以来，中国共产党带领中国人民取得的发展成就和治理成就举世瞩目。从一穷二白到经济总量稳居世界第二，从人民温饱不足到进入世界中等收入国家行列，从物资短缺到成为全球货物贸易第一大国，从封闭半封闭到参与全球治理，从世界体系边缘到日益走近世界舞台中央，中国经历如此巨变，用几十年时间走完了发达国家几百年走过的工业化历程。我国经济快速发展奇迹和社会长期稳定奇迹，从根本上说正是中国特色社会主义制度的奇迹。中国特色社会主义制度具有的强大生命力和巨大优越性，集中到一点，就是这个制度能够持续推动拥有近十四亿人口大国进步和发展、确保拥有五千多年文明史的中华民族实现"两个一百年"奋斗目标进而实现伟大复兴。

## 中国特色社会主义制度与时俱进，不断完善和发展

恩格斯说过："所谓'社会主义社会'不是一种一成不变的东西，而应当和任何其他社会制度一样，把它看成

是经常变化和改革的社会。"特别是在中国这样一个经济文化落后的半殖民地半封建的东方大国夺取全国政权、建立社会主义制度，是马克思主义发展史上的崭新课题，更要把马克思主义基本原理同中国具体实际相结合，不断探索实践，不断改革创新。实践证明，中国特色社会主义制度是在改革开放中与时俱进、不断实现自我完善和发展的制度。

中国特色社会主义制度是特色鲜明、富有效率的好制度，但还不是成熟定型、尽善尽美的制度。相比我国经济社会发展的要求和人民群众的期待，相比当今世界正经历百年未有之大变局的新形势，相比实现国家长治久安的伟大目标，我国国家制度和国家治理体系还有不少亟待改进的地方，中国特色社会主义制度达到更加成熟更加定型依然任重道远。新时代，必须适应国家现代化总进程，提高党科学执政、民主执政、依法执政水平，提高国家机构履职能力，提高人民群众依法管理国家事务、经济社会文化事务、自身事务的能力，实现党、国家、社会各项事务治理制度化、规范化、程序化，不断提高运用中国特色社会主义制度有效治理国家的能力。

党的十九届四中全会围绕在我国国家制度和国家治理体系上应该"坚持和巩固什么、完善和发展什么"这个重大政治问题，明确了各项制度必须坚持的根本点和完善发展的方向，并且作出了工作部署。这次全会既阐明了必须牢牢坚持的重大制度和原则，又部署了需要深化的重大体制机制改革、需要推进的重点工作任务，体现了守正创新的科学方法论，体现了系统集成、协同高效的制度特色，体现了强烈的问题导向，为新时代坚持和完善中国特色社会主义制度、推进国家治理体系和治理能力现代化指明了努力方向，为推动各方面制度更加成熟更加定型提供了基本遵循。

新时代坚持和完善中国特色社会主义制度、推进国家治理体系和治理能力现代化，是有方向、有立场、有原则的。习近平同志强调："我们全面深化改革，不是因为中国特色社会主义制度不好，而是要使它更好；我们说坚定制度自信，不是要固步自封，而是要不断革除体制机制弊端，让我们的制度成熟而持久。"习近平同志还指出，"推进国家治理体系和治理能力现代化，绝不是西方化、资本主义化"。中国是一个大国，在涉及国家制度这样的根本性问题上，在涉及发展方向的大是大非面前，绝不讲模棱两可的话，绝不做遮遮掩掩的事，绝不犯颠覆性错误。我们要在坚持和巩固已经建立起来并经过实践检验的根本制度、基本制度、重要制度前提下，坚持解放思想、实事求是、与时俱进、求真务实，以坚持和完善中国特色社会主义制度、推进国家治理体系和治理能力现代化为主轴，深刻把握我国发展要求和时代潮流，坚决破除一切不合时宜的思想观念和体制机制弊端，继续深化各领域各方面体制机制改革，深入把握制度建设规律，注重改革系统性、整体性、协同性，善于总结实践经验和基层创造，及时将理论创新、实践创新成果上升到制度层面，使中国特色社会主义制度优越性不断增强、充分彰显。

（原载《人民日报》2019 年 12 月 26 日）

# 马克思主义国家学说的新发展

## ——党的十九届四中全会的"九个首次"

党的十九届四中全会审议通过的《中共中央关于坚持和完善中国特色社会主义制度、推进国家治理体系和治理能力现代化若干重大问题的决定》（以下简称《决定》），是当代中国马克思主义国家学说的标志性成果，是新时代国家制度和国家治理体系建设举旗定向的政治宣言，既有许多理论上的新概括，又有许多实践上的新举措。全会和《决定》创造了若干个"首次"，大的方面有以下九个。

## 首次用一次党的中央全会专门研究
## 我国国家制度和国家治理问题

坚持和完善中国特色社会主义制度、推进国家治理体系和治理能力现代化，是关系党和国家事业兴旺发达、国家长治久安、人民幸福安康的重大问题，是实现"两个一百年"奋斗目标的重大任务，是把新时代改革开放推向前进的根本要求，是应对风险挑战、赢得主动的有力保证。党的十九届四中全会专门就这个重大问题进行研究部署并作出决定，在中国共产党的历史上还是第一次。这是以习近平同志为核心的党中央从政治上、全局上、战略上全面考量，立足当前、着眼长远作出的重大决策，充分体现了高瞻远瞩的战略眼光和励精图治的历史担当。

回顾社会主义从诞生到现在的整个过程，在中国这样经济文化落后的东方大国夺取全国政权、建立社会主义制度、进而建设社会主义现代化强国，是马克思主义发展史上的崭新课题。同样，在中国这样具有超长时间历史纵深、超大幅员国土面积、超大数量人口规模、超常复杂民族结构、超大规模经济体量的发展中国家建立和完善社会主义国家制度和国家治理体系，马克思主义经典作家没有说过，以往的世界社会主义实践中也没有现成模式可以学习，是极其艰巨的任务。中国共产党迎难而上，坚持把马克思主义基本原理同中国具体实际相结合，不断探索实践，不断改革创新，建立和完善社会主义制度，形成和发展党的领导和经济、政治、文化、社会、生态文明、军事、外事等各方面制度，加强和完善国家治理，取得历史性成就。特别是党的十八大以来，以习近平同志为核心的党中央领导全党全国人民坚持和完善中国特色社会主义制度，推进国家治理体系和治理能力现代化取得重大理论成果、实践成果、制度成果。社会主义中国的制度成就，是人类制度文明史上的伟大创造，是很了不起的。

党的十九届四中全会全面总结党领导人民在探索中国特色社会主义实践中，在我国国家制度建设和国家治理方面取得的成就、积累的经验、形成的原则，系统阐述坚持和完善中国特色社会主义制度、推进国家治理体系和治理能力现代化的重大意义、总体要求、科学内涵、实践途径，是习近平新时代中国特色社会主义思想最新重大成果。这个重大成果，从制度形态上科学回答了新时代坚持和发展什么样的中国特色社会主义、怎样坚持和发展中国特色社会主义的根本问题，是中国共产党对马克思主义和科学社会主义的重大历史性贡献。

## 首次阐明中国特色社会主义制度与国家治理体系和治理能力之间的关系

马克思主义告诉我们，无产阶级夺取政权以后不能简单地运用现成的国家机器来达到自己的目的，必须建立无产阶级专政的政权机构来代替统治阶级的国家机器。中国特色社会主义制度和国家治理体系，就是中国共产党团结带领中国人民在推翻帝国主义、封建主义和官僚资本主义的反动统治之后，创造性地运用马克思主义国家学说，在不断探索和实践中建立起来的保证亿万人民当家作主的全新国家制度和国家治理体系。

中国特色社会主义制度和国家治理体系的形成和发展，借鉴了我们党领导新民主主义革命时期在根据地执政的宝贵经验，经历了新中国成立后 29 年、党的十一届三中全会后 34 年、党的十八大以来 7 年这三个大的历史发展阶段，是党和人民长期奋斗、接力探索，历尽千辛万苦、付出巨大代价取得的。《决定》首次作出"中国特色社会主义制度是党和人民在长期实践探索中形成的科学制度体系"的新概括，正是对我国国家制度和国家治理体系形成历程的科学总结。

习近平总书记强调，国家治理体系是在党领导下管理国家的制度体系，国家治理能力则是运用国家制度管理社会各方面事务的能力。《决定》进一步明确提出，我国国家治理一切工作和活动都依照中国特色社会主义制度展开，我国国家治理体系和治理能力是中国特色社会主义制度及其执行能力的集中体现。这段话第一次阐明了中国特色社会主义制度与国家治理体系和治理能力之间的内在关系，具有重要的理论意义和实践意义。

国家制度是国家治理的根本依据和内核，国家治理的一切工作和活动都依照国家制度展开。治理国家，制度无疑起根本性、全局性、长远性作用。但是，如果没有有效的治理能力，再好的制度和治理体系也难以发挥作用。国家制度和国家治理体系同国家治理能力虽然有紧密联系，但又不是一回事，不是国家制度越成熟、国家治理体系越完善，国家治理能力就自然而然地越强。所以，《决定》明确提出把提高治理能力作为新时代干部队伍建设的重大任务，通过加强思想淬炼、政治历练、实践锻炼、专业训练，推动广大干部严格按照制度履职尽责、行使权力、开展工作，提高推进"五位一体"总体布局和"四个全面"战略布局等各项工作能力和水平。认真落实《决定》要求，努力把各级干部、各方面管理者的综合素质都提高起来，努力把党和国家机关、企事业单位、人民团体等的管理能力和工作能力都提高起来，整个国家的治理能力才能大幅度提升，国家治理体系才能更加有效运转，我国制度优势才能更好转化为国家治理效能。

# 首次从 13 个方面凝练概括了我国国家制度和国家治理体系具有的显著优势

制度优势是一个国家的最大优势，制度竞争是国家间最根本的竞争。制度稳则国家稳，制度强则国家强。新中国成立 70 年来，中华民族之所以能迎来从站起来、富起来到强起来的伟大飞跃，最根本的是因为党领导人民建立和完善了中国特色社会主义制度，不断加强和完善国家治理，使我国国家制度和国家治理体系在国际竞争中赢得越来越大的比较优势，展现出强大的生机活力。《决定》系统总结我国国家制度和国家治理体系具有的 13 个显著优势，科学揭示新中国 70 年发展成就的制度原因，有利于增强全党全国各族人民制度自信，有利于推动我国国家制度和国家治理体系的多方面优势更加充分地发挥出来。

世界上没有完全相同的政治制度模式，各个国家的政治制度不可能定于一尊。"鞋子合不合脚，自己穿了才知道"。中国特色社会主义制度和国家治理体系，是在中国社会的土壤中生长起来的，是经过革命、建设、改革长期实践形成起来的，是植根于中华民族 5000 多年文明史所积淀的深厚历史文化传统、吸收借鉴人类制度文明有益成果丰富起来的，集中体现了中国特色社会主义的特点和优势。习近平总书记2014年在庆祝全国人民代表大会成立60周年大会上的讲话中精辟指出：评价一个国家政治制度是不是民主的、有效的，主要看国家领导层能否依法有序更替，全体人民能否依法管理国家事务和社会事务、管理经济和文化事业，人民群众能否畅通表达利益要求，社会各方面能否有效参与国家政治生活，国家决策能否实现科学化、民主化，各方面人才能否通过公平竞争进入国家领导和管理体系，执政党能否依照宪法法律规定实现对国家事务的领导，权力运用能否得到有效制约和监督。《决定》概括的13个显著优势，是用"八个能否"来衡量中国特色社会主义实践得出的科学结论，由此证明：我国国家制度和国家治理体系是一套行得通、真管用、有效率的制度和治理体系，不仅保障了我国创造出世所罕见的经济快速发展奇迹和社会长期稳定奇迹，而且为发展中国家走向现代化提供了全新选择，为人类探索建设更好社会制度贡献了中国智慧和中国方案。

我国国家制度和国家治理体系之所以具有多方面的显著优势，主要在于我们党坚持把马克思主义基本原理同中国具体实际相结合，把开拓正确道路、发展创新理论、建设有效制度统一起来，使我国国家制度和国家治理体系既体现科学社会主义基本原则，又具有鲜明的中国特色、民族特色、时代特色；主要在于我国国家制度和国家治理体系始终代表最广大人民的根本利益，保证人民当家作主，体现人民共同意志，维护人民合法权益，因而深得中国人民拥护；主要在于我国国家制度和国家治理体系从来不排斥任何有利于中国发展进步的他国国家治理经验，而是坚持以我为主、为我所用，去其糟粕、取其精华，能够在自我完善和发展中长期保持并不断增强自己的显著优越性和强大生命力。

## 首次提出坚持和完善中国特色社会主义制度推进国家治理体系和治理能力现代化"三步走"总体目标

制度是治国安邦的根本。1980 年，邓小平同志在总结"文化大革命"的教训时指出："领导制度、组织制度问题更带有根本性、全局性、稳定性和长期性。""制度好可以使坏人无法任意横行，制度不好可以使好人无法充分做好事，甚至会走向反面。"党的十二大鲜明提出走自己的路、建设有中国特色的社会主义的总路线总方针，并且对健全党的民主集中制、改革领导机构和干部制度、有计划有步骤地进行整党等作出部署。党的十三大对我国政治体制改革进行阐述并作出部署。党的十四大确定我国经济体制改革的目标是建立社会主义市场经济体制，明确提出在20世纪90年代要初步建立起新的经济体制，到建党100周年时在各方面形成一整套更加成熟更加定型的制度。党的十五大、党的十六大、党的十七大都对制度建设提出明确要求。

党的十八大以来，以习近平同志为核心的党中央以强烈的历史担当把制度建设摆在更加突出的位置，不失时机深化重要领域改革，坚决破除一切妨碍科学发展的思想观念和体制机制弊端，着力构建系统完备、科学规范、运行有效的制度体系。党的十八届三中全会把完善和发展中国特色社会主义制度、推进国家治理体系和治理能力现代化确定为全面深化改革的总目标，推出336项重大改革举措。经过近6年努力，重要领域和关键环节改革成效显著，主要领域基础性制度体系基本形成。

正是在这样的实践成就基础上，《决定》对坚持和完善中国特色社会主义制度、推进国家治理体系和治理能力现代化进行系统总结并提出总体目标。这个总体目标，对标我们党已经确定的到建党100年时全面建成小康社会、到2035年基本实现社会主义现代化、到新中国成立100年时把我国建成富强民主文明和谐美丽的社会主义现代化强国的"三步走"战略目标，进一步明确：到建党 100 年时，在各方面制度更加成熟更加定型上取得明显成效；到 2035 年，各方面制度更加完善，基本实现国家治理体系和治理能力现代化；到新中国成立 100 年时，全面实现国家治理体系和治理能力现代化，使中国特色社会主义制度更加巩固、优越性充分展现。这是党的重要文献中第一次集中提出国家治理体系和治理能力现代化分"三步走"的总体目标，充分反映了以习近平同志为核心的党中央立足新时代中国特色社会主义历史方位，对坚持和完善中国特色社会主义、推进国家治理体系和治理能力现代化作出的战略安排。

## 首次把中国特色社会主义制度中起四梁八柱作用的制度明确为根本制度、基本制度、重要制度

中国特色社会主义是改革开放以来我们党带领人民推进马克思主义中国化的伟大历史性创造。这个创造，反映在实践形态，就是开辟了中国特色社会主义道路；反映在理论形态，就是形成了包括邓小平理论、"三个代表"重要思想、科学发展观、习近平新时代中国特色社会主义思

想在内的中国特色社会主义理论体系；反映在制度形态，就是确立了中国特色社会主义制度；反映在文化形态，就是坚持和发展了中国特色社会主义文化。

关于中国特色社会主义的几种形态，我们党的三个重要文献曾有科学阐述。胡锦涛同志在庆祝中国共产党成立90周年大会上的讲话中和党的十八大报告中，对中国特色社会主义道路、中国特色社会主义理论体系、中国特色社会主义制度的科学内涵进行了阐释，并且明确提出中国特色社会主义制度是在经济、政治、文化、社会等各个领域形成的一整套相互衔接、相互联系的制度体系，列举了其中的根本政治制度、基本政治制度、基本经济制度以及建立在这些制度基础之上的各方面体制等具体制度。习近平总书记在党的十九大报告中明确提出"中国特色社会主义文化"和"文化自信"的重大概念，分别对中国特色社会主义道路、中国特色社会主义理论体系、中国特色社会主义制度、中国特色社会主义文化的历史作用作出了科学定位，对全党更加自觉地增强道路自信、理论自信、制度自信、文化自信进行了强调，拓展和丰富了新时代中国特色社会主义的科学内涵。

《决定》的贡献在于，第一次从13个方面系统概括了中国特色社会主义制度和国家治理体系的基本组成部分，把中国特色社会主义制度中起四梁八柱作用的制度明确为根本制度、基本制度、重要制度。根本制度，是指那些反映中国特色社会主义制度本质内容和根本性特征、体现中国特色社会主义质的规定性的制度，是立国的根本。如党的领导制度、人民代表大会制度、马克思主义在意识形态领域指导地位的根本制度、党对人民军队的绝对领导制度等。基本制度，是指那些体现我国社会主义性质，框定国家基本形态、规范国家政治关系和经济关系的制度。如中国共产党领导的多党合作和政治协商制度、民族区域自治制度、基层群众自治制度、社会主义基本经济制度等。重要制度，是指那些由根本制度、基本制度派生的国家治理各领域各方面的主体性制度。如经济、政治、文化、社会、生态文明、军事、外事等领域的主体性制度。《决定》的这种明确，是对党和国家各方面事业作出的重要制度安排，标志着我国国家制度和国家治理体系更加系统化、整体化、规范化。

## 首次明确党的领导制度在我国国家制度
## 和国家治理体系中的统领地位

推进国家制度和国家治理体系现代化是一个与时俱进

的过程，我们对这个问题的认识同样也是与时俱进的。过去讲中国特色社会主义制度的内涵，一般就讲中国特色社会主义的经济、政治、文化、社会、生态文明、军事、外事和党的建设等领域的制度，这无疑是正确的。党的十八大以来，习近平总书记鲜明提出"中国特色社会主义最本质的特征是中国共产党领导，中国特色社会主义制度的最大优势是中国共产党领导，党是最高政治领导力量"的重大论断，以全新的视野深化了对共产党执政规律的认识。从实践看，党中央全面加强和改进党的领导，不断完善党的领导的体制机制，形成了一套坚持党的领导的制度规范和工作机制，并转化为国家治理的制度优势，使中国特色社会主义制度彰显出更加强大的生机活力。实践充分证明，党的领导制度是我国的根本领导制度，在国家制度和国家治理体系中居于统筹、统领、统帅地位，毫无疑问是中国特色社会主义制度须臾不可或缺的根本制度。

《决定》提出"党的领导制度体系"这个重大概念，把坚持和完善党的领导制度体系，提高党科学执政、民主执政、依法执政水平放在坚持和完善中国特色社会主义制度、推进国家治理体系和治理能力现代化的首要位置，突出了党的领导制度在国家制度和国家治理体系中的统领地位，而且首次从 6 个方面阐述了坚持和完善党的领导制度体系的基本要素，从指导思想到重大观点到具体措施都体现了坚持和加强党的领导、做到"两个维护"的要求。这些新概括新规定，抓住了国家制度建设和国家治理的关键和根本，有利于使党的领导制度化、具体化、规范化，确保把党的领导落实到国家治理的各领域各环节各方面。

## 首次对社会主义基本经济制度
## 内涵作出重要拓展和深化

社会主义基本经济制度是经济制度体系中具有长期性和稳定性的部分，对经济制度属性和经济发展方式具有决定性影响。《决定》明确提出，公有制为主体、多种所有制经济共同发展，按劳分配为主体、多种分配方式并存，社会主义市场经济体制等社会主义基本经济制度，既体现了社会主义制度优越性，又同我国社会主义初级阶段社会生产力发展水平相适应，是党和人民的伟大创造。这段表述，第一次把分配方式和社会主义市场经济体制纳入基本经济制度范畴，是我们党的一个重大理论创新。

一个社会的基本经济制度是由这个社会的生产力与生产关系决定的，主要包括社会生产资料所有制、社会分配方式和社会资源配置方式三个基本组成部分。改革开放以来，我们党深刻总结国内外正反两方面经验，从我国社会主义初级阶段的基本国情出发，解放思想、实事求是，实现了从单一的公有制经济向公有制为主体、多种所有制经济共同发展的转变，实现了从单一的按劳分配方式向按劳分配为主体、多种分配方式并存的转变，实现了从高度集中的计划经济体制向社会主义市场经济体制的转变，极大地解放和发展了社会生产力，创造了经济快速发展的奇迹。

在实践探索和实践检验的基础上，党的十二届三中全会明确提出，社会主义经济是在公有制基础上的有计划的商品经济；党的十四届三中全会进一步提出，必须坚持以公有制为主体、多种经济成分共同发展的方针；党的十五大第一次明确提出"公有制为主体、多种所有制经济共同发展，是我国社会主义初级阶段的一项基本经济制度"，标志着我国社会主义基本经济制度的正式确立。党的十六大进一步明确提出"两个毫不动摇"的重要思想，即毫不动摇地巩固和发展公有制经济，毫不动摇地鼓励、支持和引导非公有制经济发展。党的十八届三中全会明确提出公有制经济和非公有制经济都是社会主义市场经济的重要组成部分，都是我国经济社会发展的重要基础。凡此等等，都表明我们党对社会主义基本经济制度的认识在不断深化。

党的十九届四中全会的一大创新，就是对社会主义基本经济制度作出新概括，把按劳分配为主体、多种分配方式并存和社会主义市场经济体制上升为基本经济制度。这是对我国改革开放 40 多年经验特别是党的十八大以来新鲜经验的一个科学总结，为推动经济高质量发展、建设现代化经济体系提供了理论支撑和制度支撑。

## 首次把马克思主义在意识形态领域的 指导地位明确为一项根本制度

《决定》提出："坚持马克思主义在意识形态领域指导地位的根本制度"。这是党的重要文献中第一次把马克思主义在意识形态领域的指导地位作为党和国家一项根本制度明确下来。

马克思主义的诞生是人类思想史上最伟大最重要的事件，引发了人类社会前所未有的历史性变革。马克思、恩格斯在《德意志意识形态》中指出："统治阶级的思想在每一时代都是占统治地位的思想。这就是说，一个阶级是社会上占统治地位的物质力量，同时也是社会上占统治地位的精神力量。"人类社会发展史表明，任何国家和社会都有占统治地位的意识形态，社会主义国家和社会是这样，资本主义国家和社会也是这样。中国共产党是以马克思主义为旗帜的政党，中国革命、建设、改革的全部成就都是在马克思主义和马克思主义中国化成果指引下取得的，由此决定了我国意识形态领域的指导思想必然是马克思主义。

当今世界正经历百年未有之大变局，我国正处于实现中华民族伟大复兴关键时期，既面临大有可为的历史机遇，也面临着前所未有的风险挑战。面对社会思想观念日益多样、社会价值取向日益多元、意识形态领域思潮纷涌的复杂情况，必须毫不动摇地坚持和巩固马克思主义在意识形态领域的指导地位，促进全体人民在思想上紧紧团结在一起，这样才能不断克服前进道路上各种艰难险阻，去夺取新时代的新胜利。

习近平总书记在党的十八届三中全会上的重要讲话中指出："意识形态工作是党的一项极端重要的工作。面对改革发展稳定复杂局面和社会思想意识多元多样、媒体格局深刻变化，在集中精力进行经济建设的同时，一刻也不能放松和削弱意识形态工作，必须把意识形态工作的领导权、管理权、话语权牢牢掌握在手中，任何时候都不能旁落，否则就要犯无可挽回的历史性错误。"《决定》把坚持马克思主义在意识形态领域的指导地位明确为党和国家一项根本制度，正是从国家制度和国家治理层面牢牢掌握意识形态工作领导权、管理权、话语权的重大举措，反映了以习近平同志为核心的党中央对新时代意识形态工作和意识形态安全的高度重视。

## 首次明确了党和国家监督体系在中国特色社会主义制度和国家治理体系中的重要定位

党和国家监督体系是党在长期执政条件下实现自我净化、自我完善、自我革新、自我提高的重要制度保障。《决定》在明确提出坚持和完善中国特色社会主义制度、推进国家治理体系和治理能力现代化13个方面的重要任务中，把"坚持和完善党和国家监督体系，强化对权力运行的制约和监督"作为一个独立的方面单列出来并作出制度安排，这在党的重要文献中还是第一次，标志着我们党对长期执政条件下推进自我革命、永葆先进性和纯洁性的认识达到一个新境界。

如何跳出"其兴也勃焉、其亡也忽焉"的历史周期率，是中国共产党始终不懈探索的重大理论和实践问题。在党全面领导、长期执政条件下，不断增强自我净化能力，保证干部清正、政府清廉、政治清明，要求我们党既要完善自我监督，又要加强对国家机关的监督。党的十八大以来，以习近平同志为核心的党中央着眼党和国家长治久安，从政治和全局高度推进监督制度改革，初步形成党和国家监督体系总体框架。党的十九大深刻总结十八大以来我们党全面从严治党的经验，明确提出"构建党统一指挥、全面覆盖、权威高效的监督体系"的战略任务。党的十九届二中全会审议通过了《中共中央关于修改宪法部分内容的建议》。根据建议，十三届全国人大一次会议审议通过的宪法修正案专门增写监察委员会，确立了监察委员会作为国家机构的法律地位。这是对我国政治体制、政治权力、政治关系的重大调整，是对国家监督制度的顶层设计，是对中国特色社会主义监督制度的丰富和完善。党的十九大以来，在党中央坚强领导下，一体推进党的纪律检查体制改革、国家监察体制改革和纪检监察机构改革取得重要成果。各级监委和纪委合署办公，通过日常监督、派驻监督和巡视监督，实现党内监督和国家监督的统一，推动监督监察常规化、常态化，使党和国家监督体系更加完备、科学、有序。所有这些，为巩固和发展党的十八大以来全面从严治党成果提供了有力制度和法律保障，为建立集中统一、权威高效的党和国家监督体系奠定了坚实基础。

完善党和国家监督体系是一项艰巨复杂的系统工程。《决定》着眼于增强监督的严肃性、协同性、有效性，形成决策科学、执行坚决、监督有力的权力运行机制，确保党和人民赋予的权力始终用来为人民谋幸福，实现对所有行使公权力的公职人员监督全覆盖，从健全党和国家监督制度、完善权力配置和运行制约机制、构建一体推进不敢腐不能腐不想腐体制机制这三个方面提出了明确要求和举措，具有很强的针对性和操作性。

除以上"九个首次"外，《决定》在总结实践经验的基础上，对人民当家作主制度体系、中国特色社会主义法治体系、中国特色社会主义行政体制、繁荣发展社会主义先进文化的制度、统筹城乡的民生保障制度、共建共治共享的社会治理制度、生态文明制度体系、党对人民军队的绝对领导制度、"一国两制"制度体系等进一步作出了阐述，还提出了一系列富有新意的重要理论观点和重大改革举措。

总体上归结起来说，党的十九届四中全会和《决定》全面回答了我国国家制度和国家治理体系应该坚持和巩固什么、应该完善和发展什么这个重大政治问题，必将以提出的一系列新思想新观点新举措对马克思主义国家学说的新发展而载入中国共产党史册。

（原载《学习时报》2019 年 11 月 18 日）

# 人类制度文明史上的伟大创造

    **编者按**：党的十九届四中全会审议通过的《中共中央关于坚持和完善中国特色社会主义制度、推进国家治理体系和治理能力现代化若干重大问题的决定》，从党和国家事业发展的全局和长远出发，准确把握我国国家制度和国家治理体系的演进方向和规律，深刻回答了"坚持和巩固什么、完善和发展什么"这个重大政治问题，既阐明了必须牢牢坚持的重大制度和原则，又部署了推进制度建设的重大任务和举措。如何准确理解党的十九届四中全会精神，如何把全会精神学懂弄通做实？本报在"权威访谈"专栏推出系列报道，采访与会代表、有关部委负责同志和文件起草组同志，对全会精神进行解读。

    党的十九届四中全会对坚持和完善中国特色社会主义制度、推进国家治理体系和治理能力现代化作出了全面部署。日前，记者对中央党校（国家行政学院）分管日常工作的副校（院）长何毅亭进行专访，请他对党的十九届四中全会精神进行解读。

**记者**：请您谈谈中国特色社会主义制度和国家治理体系的形成和发展经历了哪几个历史阶段？

**何毅亭**：中国特色社会主义制度和国家治理体系，是中国共产党团结带领中国人民在推翻帝国主义、封建主义和官僚资本主义的反动统治之后，创造性地运用马克思主义国家学说，深刻总结国内外正反两方面经验，在不断探索实践、不断改革创新中建立起来的保证亿万人民当家作主的全新国家制度和治理体系。这是人类制度文明史上的伟大创造。

中国特色社会主义制度和国家治理体系的形成和发展，借鉴了我们党领导新民主主义革命时期在根据地执政的宝贵经验，经历了新中国70年三个大的历史阶段。

从新中国成立到党的十一届三中全会前，我们党确立了人民当家作主的国家制度，建立起社会主义基本制度，探索适合国情的社会主义建设道路，为当代中国一切发展进步奠定了根本政治前提和制度基础。

从党的十一届三中全会到党的十八大前，我们党鲜明提出走自己的路、建设有中国特色的社会主义，积极推进经济体制及其他体制改革，确立中国特色社会主义制度，不断完善国家治理，为改革开放和现代化建设提供了坚实制度保障。

党的十八大以来，通过统筹推进"五位一体"总体布局、协调推进"四个全面"战略布局，推动中国特色社会主义制度更加完善、国家治理体系和治理能力现代化水平明显提高，为党和国家事业发生历史性变革、取得历史性成就提供了有力保障。

**记者**：党的十八大以来，我们党在推进国家制度和国家治理体系建设方面取得了哪些历史性成就？

**何毅亭**：党的十八大以来，以习近平同志为核心的党中央以强烈的历史担当把制度建设摆在更加突出的位置，不失时机深化重要领域改革。党的十八届三中全会把完善和发展中国特色社会主义制度、推进国家治理体系和治理能力现代化确定为全面深化改革的总目标，推出336项重大改革举措，并且在此后展开的全面深化改革实践中坚持问题导向和目标导向相结合，积极推进国家制度建设和国家治理体系现代化，取得历史性成就。

一是坚持和完善党的领导制度。健全维护党中央权威和集中统一领导的制度，明确提出并推动全党增强"四个意识"、坚定"四个自信"、做到"两个维护"，自觉在思想上政治上行动上同以习近平同志为核心的党中央保持

高度一致。改革完善党中央对重大工作的领导体制，完善
向党中央请示报告制度，党总揽全局、协调各方的领导核
心作用充分发挥，把方向、谋大局、定政策、促改革的能
力不断提高。

二是坚持和完善全面从严治党制度。党中央提出并贯
彻新时代党的建设总要求和新时代党的组织路线，以党的
政治建设为统领，把制度建设贯穿其中，全面推进党的各
方面建设。完善全面从严治党责任制度，严明党的政治纪
律和政治规矩，深化纪检监察体制改革，设立国家监察委
员会，健全党和国家监察体系，强化对权力运行的制约和
监督，反腐败斗争取得压倒性胜利，党内政治生态展现新
气象，党在革命性锻造中成为坚强领导核心。

三是坚持和完善中国特色社会主义法治体系。党的十
八届四中全会通过的《中共中央关于全面推进依法治国
若干重大问题的决定》，对新时代建设社会主义法治国家
作出全面部署，法治建设特别是司法体制改革以前所未有
的力度展开。依法治国方略全面深入推进，法治中国建设
迈出坚定步伐，中国特色社会主义法治体系日益完善，全
社会法治观念明显增强。党的十九大后，制定监察法、国
家勋章和国家荣誉称号法等，立法工作取得重大新进展。

四是坚持和完善人民当家作主的制度。党中央把党的

领导、人民当家作主、依法治国有机统一起来，不断加强人民当家作主的制度保障。对坚持和完善人民代表大会制度作出顶层设计，明确提出发挥人民代表大会及其常委会在立法工作中的主导作用，在各级人大新设置专门的社会建设委员会，并且优化人大常委会和各专门委员会组成人员。党中央先后印发实施《关于加强社会主义协商民主建设的意见》等一系列配套文件，统筹推进政党协商、人大协商、政府协商、政协协商、人民团体协商、基层协商以及社会组织协商，爱国统一战线巩固发展。

五是坚持和完善中国特色社会主义经济制度。着眼解放和发展社会生产力、解放和增强社会活力，不断完善和发展社会主义基本经济制度，完善社会主义市场经济体制，充分发挥市场在资源配置中的决定性作用，更好发挥政府作用，国家宏观经济调控制度不断完善，各类市场主体活力不断激发。全面贯彻新发展理念，深入推进供给侧结构性改革，加快创新型国家建设，实施乡村振兴战略，持续推进"一带一路"建设、京津冀协同发展、长江经济带发展、粤港澳大湾区建设等重大战略，开放型经济新体制逐步健全，我国经济实力和综合国力显著增强。

党的十八大以来，在坚持和完善文化、社会、生态文明、军事、外事等方面制度上，也都取得历史性进展。中国特色社会主义制度在自我完善和发展中焕发强大生机活力，既创造了举世公认的经济发展奇迹，也创造了国家政治和社会大局长期稳定的奇迹。

**记者**：请您谈谈党的十九届四中全会对推进中国特色社会主义制度和国家治理体系建设作出了哪些新的部署？

**何毅亭**：党的十九届四中全会全面回答了我国国家制度和国家治理体系应该"坚持和巩固什么、完善和发展什么"这个重大政治问题，对新时代推进中国特色社会主义制度和国家治理体系建设作出了新的重大部署。

首先是进一步明确了坚持和完善中国特色社会主义制度、推进国家治理体系和治理能力现代化的总体要求和总体目标。这个总体要求，概括地说就是必须坚持党的基本理论指导，必须坚持党的集中统一领导，必须坚持解放思想、实事求是、改革创新，必须坚持正确路径和方法。这个总体目标，对标我们党已经确定的到建党 100 年时全面建成小康社会、到 2035 年基本实现社会主义现代化、到新中国成立 100 年时把中国建成富强民主文明和谐美丽的社会主义现代化强国的"三步走"战略目标，进一步明确：到建党 100 年时，在各方面制度更加成熟更加定型上取得明显成效；到 2035 年，各方面制度更加完善，基本实现国家治理体系和治理能力现代化；到新中国成立 100

年时，全面实现国家治理体系和治理能力现代化，使中国特色社会主义制度更加巩固、优越性充分展现。全会提出的总体要求和总体目标，为新时代坚持和完善中国特色社会主义制度、推进国家治理体系和治理能力现代化提供了总方向、总蓝图、总遵循。

再就是明确提出了坚持和完善中国特色社会主义制度、推进国家治理体系和治理能力现代化的 13 项主要任务，明确了各项制度必须坚持和巩固的根本点、完善和发展的方向，并作出工作部署。全会把中国特色社会主义制度中起四梁八柱作用的制度明确为根本制度、基本制度、重要制度。根本制度，是指那些反映中国特色社会主义制度本质内容和根本性特征、体现中国特色社会主义性质的规定性的制度，是立国的根本。如党的领导制度、人民代表大会制度、马克思主义在意识形态领域指导地位的根本制度、党对人民军队的绝对领导制度等。基本制度，是指那些体现我国社会主义性质，框定国家基本形态、规范国家政治关系和经济关系的制度。如中国共产党领导的多党合作和政治协商制度、民族区域自治制度、基层群众自治制度、社会主义基本经济制度等。重要制度，是指那些由根本制度、基本制度派生的国家治理各领域各方面的主体性制度。如经济、政治、文化、社会、生态文明、军事、外事等领域的主体性制度。全会的这种明确，是对党和国家各方面事业作出的重要制度安排，标志着我国国家制度和国家治理体系更加系统化、整体化、规范化。

还有就是在加强党对坚持和完善中国特色社会主义制度、推进国家治理体系和治理能力现代化的领导上提出了明确要求。全会强调国家制度和国家治理体系建设必须在党中央统一领导下进行，科学谋划、精心组织、远近结合、整体推进，确保全会确定的各项目标要求全面落实到位。全会要求各级党委和政府以及各级领导干部要带头维护制度权威，做制度执行的表率。全会还对加强制度理论研究和宣传教育、提高新时代干部队伍治理能力、推进全面深化改革等提出了明确要求。

总之，党的十九届四中全会是一次具有开创性、里程碑意义的重要会议，必将以对马克思主义国家学说的新发展而载入史册。

（原载《人民日报》2019 年 11 月 22 日）

# 中国特色社会主义制度和
# 国家治理体系形成的历程和成就

马克思主义告诉我们，无产阶级夺取政权以后不能简单地运用现成的国家机器来达到自己的目的，必须建立自己的政权机构来代替统治阶级的国家机器。中国特色社会主义制度和国家治理体系，就是中国共产党团结带领中国人民在推翻帝国主义、封建主义和官僚资本主义的反动统治之后，创造性地运用马克思主义国家学说，深刻总结国内外正反两方面经验，在不断探索实践、不断改革创新中建立起来的保证亿万人民当家作主的全新国家制度和国家治理体系。这是人类制度文明史上的伟大创造。

中国特色社会主义制度和国家治理体系的形成和发展，是在借鉴我们党领导新民主主义革命时期在根据地执政的宝贵经验基础上，经历了新中国 70 年三个大的历史阶段形成和发展起来的。

**从新中国成立到党的十一届三中全会前，我们党确立了人民当家作主的国家制度，建立起社会主义基本制度，探索适合国情的社会主义建设道路，为当代中国一切发展进步奠定了根本政治前提和制度基础。**

建立什么样的国家制度，是近代以来中国面临的一个历史性课题。鸦片战争以后，无数仁人志士为寻求改变中国前途命运的道路进行了持续不懈努力，经历了反复探索，尝试了多种制度模式，但都以失败而告终。

中国共产党自成立以来就致力于建立人民当家作主的新国家、新社会，不但提出了关于未来国家制度的主张，而且带领人民为之奋斗了20多年，积累了在局部地区执政的宝贵经验。毛泽东同志在党的七届二中全会上阐明了人民代表会议制度，指出资产阶级共和国的国会制度不符合中国情况；随后在《论人民民主专政》一文中明确指出："总结我们的经验，集中到一点，就是工人阶级（经过共产党）领导的以工农联盟为基础的人民民主专政。"这为新中国国家制度的构建和发展作了充分的理论准备。

1949年9月，中国人民政治协商会议第一届全体会议通过的具有临时宪法作用的《中国人民政治协商会议共同纲领》，确立人民民主专政为新中国国体，确立人民代表大会制度为新中国政体，还确立了中国共产党领导的多党合作和政治协商制度，确立了在统一的多民族国家内实行民族区域自治制度。这些关乎全局的顶层设计，奠定了新中国国家制度的基础。

1954 年 9 月，第一届全国人民代表大会第一次会议的召开，标志着作为新中国根本政治制度的人民代表大会制度正式确立，此后人民政协继续在国家政治生活和社会生活中发挥着重大作用。这次会议通过的新中国第一部宪法，对人民民主专政的国家性质和人民代表大会制度的根本政治制度，对中国共产党领导的多党合作和政治协商制度、民族区域自治制度等国家基本政治制度作出了更为完备的规定。

1956 年，随着党在过渡时期总路线所规定的对生产资料私有制的社会主义改造基本完成，我国确立了社会主义基本制度，成功实现了中国历史上最伟大最深刻的社会变革。其后，党在不断探索适合国情的发展道路以及制度建设和法制建设等方面取得重要进展，也曾走了一段弯路。

这 29 年，党领导人民建立的国家制度，总体上适合中国实际、适应我国当时的经济基础，虽然还存在初创阶段的不成熟、不完善，但它开创性地建立了人民当家作主的新型国家制度，这是很了不起的。

**从党的十一届三中全会到党的十八大前，我们党鲜明提出走自己的路、建设有中国特色的社会主义，积极推进经济体制及其他体制改革，形成中国特色社会主义制度，不断完善国家治理，为改革开放和现代化建设提供了坚实制度保障。**

党的十一届三中全会开启了改革开放历史新时期，也开启了中国特色社会主义制度自我完善和发展的历史新征程。从那以后40多年来，党带领人民积极推进党的领导体制和经济体制、政治体制、文化体制、社会体制、生态文明体制、军事体制等方面的改革，不断完善和发展中国特色社会主义制度，国家治理体系的活力和效率不断提升。

一是健全和完善党和国家的领导制度。改革开放之初，取消"文化大革命"中成立的地方各级革命委员会，恢复设立了地方各级人民政府。在总结"文革"教训基础上，党的十一届五中全会通过了《关于党内政治生活的若干准则》，并且决定恢复中央书记处，以加强和改善党的集体领导和民主集中制。1982年制定的宪法，决定恢复设立国家主席和副主席；赋予国务院行政法规制定权；国家设立中央军事委员会；改变人民公社政社合一体制，恢复设立乡镇政权机关。党的十二大通过的党章规定，党中央只设总书记，不再设主席、副主席。这些重大举措和规定，对健全和完善党和国家的领导制度具有重要意义。

二是健全和完善我国根本政治制度。根据宪法规定，1982年我国在县以上地方各级人民代表大会设立常务委员会，赋予省、自治区、直辖市人民代表大会及其常委会制定和颁布地方性法规权，并且实行各级人大代表由等额选举改为差额选举，把直接选举人大代表的范围扩大到县一级等。党的十四大提出加强人民代表大会及其常委会立法和监督等职能。党的十七大提出逐步实行城乡按相同人口比例选举人大代表。这些都有力推动了各级人大更好发挥作用。

三是健全和完善我国基本政治制度。改革开放以后，党中央进一步明确了人民政协的性质、任务、主题、职能，把中国共产党领导的多党合作和政治协商制度确立为我国一项基本政治制度，对民主党派的性质作了新的概括，阐明了执政党和参政党的关系，明确了多党合作和政治协商必须坚持的政治准则。基层群众自治制度源于新中国成立后我国城市建立的居民委员会。1982 年，城市居民委员会和农村村民委员会被一起写进宪法。1989 年、1998 年先后通过了城市居民委员会组织法、村民委员会组织法。党的十四大首次把我国基层民主制度形式确定为农村村民委员会、城市居民委员会和企业职工代表大会，此后逐步形成了以村委会、居委会和职代会为主要内容的基层群众自治制度。民族区域自治制度作为我们党早在新中国成立前后就创造性设定的我国一项基本政治制度，在改革开放中也得到不断丰富和发展。

四是健全和完善社会主义基本经济制度。党的十二届三中全会作出的《中共中央关于经济体制改革的决定》，第一次提出社会主义经济"是在公有制基础上的有计划的商品经济"的新论断。党的十四大明确提出："我国经济体制改革的目标是建立社会主义市场经济体制"，为社会主义基本经济制度的确立奠定了坚实的体制基础。党的十五大首次提出："公有制为主体、多种所有制经济共同发展，是我国社会主义初级阶段的一项基本经济制度。"这标志着我国社会主义基本经济制度的确立。

五是健全和完善中国特色社会主义法治体系。早在改革开放之初，我们党就开始谋划和部署构建以宪法为核心的法律体系。1982 年我国制定了改革开放以来第一部宪法后，又于 1988 年、1993 年、1999 年、2004 年修改宪法，把改革开放中党领导人民创造的伟大成就和成功经验及时写入宪法。党的十五大把依法治国确定为治理国家的基本方略，并提出到 2010 年形成中国特色社会主义法律体系的目标。在党中央坚强领导下，这个目标已如期完成。

**党的十八大以来，通过统筹推进"五位一体"总体布局、协调推进"四个全面"战略布局，推动中国特色社会主义制度更加完善、国家治理体系和治理能力现代化水平明显提高，为党和国家事业发生历史性变革提供了有力保障。**

以习近平同志为核心的党中央在党的十八届三中全会通过的《中共中央关于全面深化改革若干重大问题的决定》中，明确提出全面深化改革的总目标是完善和发展中国特色社会主义制度、推进国家治理体系和治理能力现代化，并且在此后展开的全面深化改革实践中坚持问题导向和目标导向相结合，积极推进党和国家制度建设及国家治理体系现代化，取得历史性成就。

坚持和加强党的全面领导，进一步健全维护党中央权威和集中统一领导的制度。明确提出并推动全党增强"四个意识"、坚定"四个自信"、做到"两个维护"，自觉在思想上政治上行动上同以习近平同志为核心的党中央保持高度一致。党中央成立了多个决策议事协调机构，健全对重大工作的领导体制。完善向党中央请示报告制度。从 2015 年开始，中央书记处和中央纪律检查委员会、全国人大常委会党组、国务院党组、全国政协党组、最高人民法院党组、最高人民检察院党组每年专门向中央政治局常委会议汇报工作。党的十九大后，对党和国家机构进行改革，在构建和完善党的领导体系、政府治理体系、武装力量体系、群团工作体系上迈出决定性步伐。

坚持和完善全面从严治党制度。党中央提出并贯彻新时代党的建设总要求和新时代党的组织路线，建立健全以党的政治建设为统领、全面推进党的各方面建设的制度机制。完善全面从严治党责任制度，严明党的政治纪律和政治规矩，推动全党坚决同一切影响党的先进性、弱化党的纯洁性的问题作斗争。党的十八届六中全会通过的《关于新形势下党内政治生活的若干准则》《中国共产党党内监督条例》，推动党内政治生态明显好转。设立国家监察委员会，健全党和国家监察制度，强化对权力运行的制约和监督。坚定不移推进反腐败，着力构建一体推进不敢腐、不能腐、不想腐的体制机制。

坚持和完善中国特色社会主义法律体系。党的十八届四中全会通过的《中共中央关于全面推进依法治国若干重大问题的决定》，对新时代建设社会主义法治国家作出全面部署，法治建设特别是司法体制改革以前所未有的力度展开。党的十九大后，制定监察法、国家勋章和国家荣誉称号法等，并且加快国家安全、生态环境、社会民生等重点领域立法，中国特色社会主义法律体系日趋完善。

坚持和完善人民当家作主的制度。党的十八大以来，党中央对坚持和完善人民代表大会制度作出顶层设计，明确提出发挥人民代表大会及其常委会在立法工作中的主导作用，在各级人大新设置专门的社会建设委员会，并且优化人大常委会和各专门委员会组成人员。协商民主是我国社会主义民主政治的特有形式和独特优势。党中央先后印发实施《关于加强社会主义协商民主建设的意见》等一系列配套文件，使这一民主形式广泛运用于国家政治和社会生活之中，有力保障了人民有序政治参与，促进了决策科学化民主化。

党的十八大以来，在坚持和完善经济、文化、社会、生态文明、军事、外事等方面制度上，也都取得历史性进展。

纵观社会主义从诞生到现在的整个历史过程，在中国这样一个经济文化落后的东方大国夺取全国政权、建立社会主义制度，进而建设社会主义现代化强国，是马克思主义发展史上的崭新课题。怎样治理中国这样具有超长时间历史纵深、超大幅员国土面积、超大数量人口规模、超常复杂民族宗教结构乃至越来越超大规模经济体量的社会主义发展中国家，在以往的世界社会主义实践中是没有任何现成模式可以学习的。中国共产党迎难而上，坚持把马克思主义基本原理同中国具体实际相结合，经过艰辛探索，新中国 70 年来在国家制度建设上取得历史性成就。党的十九届四中全会全面梳理和概括了一整套中国特色社会主义制度和国家治理体系，主要包括以下方面。

坚持党的集中统一领导，坚决维护党中央权威，使党处于总揽全局、协调各方的核心地位，实行科学执政、民主执政、依法执政的党的领导制度体系；

以人民代表大会制度这一根本政治制度，中国共产党领导的多党合作和政治协商制度、民族区域自治制度、基层群众自治制度等基本政治制度为主要内容的人民当家作主制度体系；

坚定不移走中国特色社会主义法治道路，包括法律规范体系、法治实施体系、法治监督体系、法治保障体系在内的中国特色社会主义法治体系；

坚持一切行政机关为人民服务、对人民负责、受人民监督，创新行政方式，提高行政效能，人民群众满意，职责明确、依法行政的政府治理体系；

以公有制为主体、多种所有制经济共同发展，按劳分配为主体、多种分配方式并存，社会主义市场经济体制等为主要内容的社会主义基本经济制度；

坚持马克思主义在意识形态领域指导地位，坚持为人民服务、为社会主义服务，坚持百花齐放、百家争鸣，坚持创造性转化、创新性发展，激发全民族文化创造活力的社会主义先进文化制度；

坚持幼有所育、学有所教、劳有所得、病有所医、老有所养、住有所居、弱有所扶，以满足人民日益增长的美好生活需要为目标的统筹城乡的民生保障制度体系；

党委领导、政府负责、民主协商、社会协同、公众参与、法治保障、科技支撑，共建共治共享的社会治理制度；

促进人与自然和谐共生，坚持生态环境保护、资源高效利用、生态保护和修复、落实生态环境保护责任共同发力一体推进的生态文明制度体系；

人民军队最高领导权和指挥权属于党中央，中央军委实行主席负责制，确保人民军队性质、宗旨、本色的党对人民军队绝对领导制度；

严格依照宪法和基本法对香港特别行政区、澳门特别行政区实行管治，保持香港、澳门长期繁荣稳定，坚定推进包括台湾在内的祖国和平统一的"一国两制"制度体系；

统筹国内国际两个大局，坚持独立自主的和平外交政策，坚定不移维护国家主权、安全、发展利益，坚定不移维护世界和平、促进共同发展，推动构建人类命运共同体的外事工作体制机制；

以强化对权力运行的制约和监督，实现自我净化、自我完善、自我革新、自我提高为目的，党统一领导、全面覆盖、权威高效的党和国家监督体系。

国家制度和国家治理体系是党和国家事业兴旺发达的根本保障。新中国成立 70 年来，中国共产党领导人民书写了社会主义革命和建设的中国故事、改革开放新时期的中国故事、党的十八大以来发生历史性变革的中国故事，书写了创造世所罕见的经济快速发展奇迹和社会长期稳定奇迹的中国故事，书写了中华民族迎来从站起来、富起来到强起来伟大飞跃的中国故事。实践证明，中国特色社会主义制度和国家治理体系是以马克思主义为指导、植根中国大地、具有深厚中华文化根基、深得人民拥护的制度和治理体系，是具有强大生命力和巨大优越性的制度和治理体系，是能够持续推动拥有近十四亿人口大国进步和发展、确保拥有五千多年文明史的中华民族实现"两个一百年"奋斗目标进而实现伟大复兴的制度和治理体系。

（原载《人民日报》2019 年 12 月 2 日）

# 中国特色社会主义制度怎样发展了马克思主义国家学说

中国共产党已经走过 99 年光辉而不平凡历程，即将跨越百年，意义重大。党成立至今最根本的成就，就是带领人民开创和发展了中国特色社会主义，建立和完善了中国特色社会主义制度。

在中国这样一个有着五千年文明史、经济文化落后的东方大国夺取全国政权，进而建立社会主义制度，是马克思主义发展史上的崭新课题，照搬书本不行，照搬别国经验也不行。中国共产党把马克思主义国家学说同中国具体实际相结合，不断探索实践，不断改革创新，积累了新民主主义革命时期在根据地执政的宝贵经验，经历了新中国成立 70 多年特别是改革开放以来 40 多年的伟大实践，形成和发展了由党的领导和经济、政治、文化、社会、生态文明、军事、外事等方面制度构成的一整套中国特色社会主义制度和国家治理体系。这是中国共产党成功运用马克思主义国家学说的伟大制度成果，也是中国共产党使马克思主义国家学说获得重大发展的伟大制度成果。

那么，中国共产党创立的中国特色社会主义制度在哪些方面发展了马克思主义国家学说呢？我们从党提出并成功实践的主要政治主张和制度安排上作一些观察分析。

## 提出无产阶级领导的新民主主义革命一整套政治主张，创造性发展了马克思主义关于无产阶级通过暴力革命夺取政权以实现社会主义的思想

我们今天谈论中国特色社会主义制度怎样发展了马克思主义国家学说，首先需要了解中国特色社会主义制度是从哪里来的，需要了解中国共产党怎样创造性运用马克思主义国家学说干成了新民主主义革命，从而为中国特色社会主义制度的建立奠定了根本的政治前提。

一切革命的根本问题都是国家政权问题。马克思、恩格斯在《共产党宣言》中就明确提出：共产党人的最近

目的是推翻资产阶级的统治，由无产阶级夺取政权而上升为统治阶级。1871年3月建立的巴黎公社，就是在以工人为主体的巴黎人民起义革命风暴中夺取政权的首次尝试，被马克思点赞为"具有世界历史意义的新起点"。1917年列宁领导的俄国十月革命，也是通过以无产阶级为主体的城市武装起义夺取政权，开创了人类历史新纪元。至于在中国这样经济文化落后的东方大国，无产阶级如何夺取政权、进而如何建立社会主义制度，在马克思、恩格斯的时代还没有提上议程。1920年7月，列宁在共产国际二大上明确要求应该从理论上说明"落后国家可以不经过资本主义发展阶段而过渡到苏维埃制度，然后经过一定的发展阶段过渡到共产主义"，但当时共产国际没有很好回答这一问题。

对于这个问题，中国共产党以创造性的理论和实践作出了科学回答。以毛泽东为主要代表的中国共产党人深刻研究中国革命的特点和中国革命的规律，创立了新民主主义革命理论。这个理论认为，由于中国没有资产阶级民主，反动统治阶级凭借武装力量对人民实行独裁恐怖统治，革命只能以长期的武装斗争为主要形式。这种武装斗争，是无产阶级领导的以农民为主体的革命战争；占中国人口80%以上的农民是无产阶级最可靠的同盟军，无产阶级有必要也能够通过自己的先锋队用先进思想、组织性和纪律性来提高农民群众的觉悟水平，建立农村根据地，长期进行革命战争，发展和壮大革命力量，最终取得全国的胜利。回顾历史，正是新民主主义革命理论的指导成就了中国革命，成就了伟大的人民共和国，进而成就了中国特色社会主义制度。

中国共产党在一个半殖民地、半封建的东方大国成功地解决了新民主主义革命的基本动力问题，创造出一条农村包围城市、武装夺取政权的道路，这无疑是马克思主义历史上和人类历史上一个伟大的奇迹。

## 提出建立人民民主专政的国体和人民代表大会制度的政体，创造性发展了马克思主义关于无产阶级专政和人民民主的思想

无产阶级专政是科学社会主义和马克思主义国家学说的重要原则。马克思、恩格斯明确提出，无产阶级夺取政权以后不能简单地运用现成的国家机器来达到自己的目的，必须打碎旧的国家机器，建立无产阶级专政的国家机器。人民民主专政，就是中国共产党带领中国人民在推翻帝国主义、封建主义和官僚资本主义的反动腐朽国家机器

之后，创造性运用无产阶级专政理论建立起来的国家制度。

中国近代以来的全部历史表明，对中国腐朽没落的旧制度，改良修补之路根本行不通，照搬西方政治制度模式也根本行不通，必须彻底推翻剥削阶级统治广大人民的政治制度，实行人民当家作主的新型政治制度。中国共产党从成立之日起就致力于建设人民当家作主的新社会，先后提出并在革命根据地创建"工农民主专政""各革命阶级联合专政"等人民政权，最后确立了人民民主专政的国家制度主张。毛泽东强调："总结我们的经验，集中到一点，就是工人阶级（经过共产党）领导的以工农联盟为基础的人民民主专政。"新中国成立后，党领导人民建立人民民主专政的国家制度，实现了中国从几千年封建专制政治向人民民主的伟大飞跃。

人民民主专政的国家制度，体现在国家政权组织形式上，就是人民代表大会制度。这一制度坚持国家一切权力属于人民，坚持人民主体地位，支持和保证人民通过人民代表大会行使国家权力，坚持党的领导、人民当家作主、依法治国有机统一，集中体现了我国社会主义民主政治的特点和优势，是支撑国家治理体系和治理能力的根本政治制度。正如习近平总书记高度概括的：在中国实行人民代表大会制度，是中国人民在人类政治制度史上的伟大创造。

## 提出党对人民军队的绝对领导原则，创造性发展了马克思主义关于无产阶级政党同无产阶级军队之间关系的思想

马克思在总结巴黎公社革命的经验教训时曾深刻指出："无产阶级专政的首要条件就是无产阶级的军队。"无产阶级直接指挥和领导军队，始于十月革命的俄国。当时，布尔什维克党领导不足3万人的工人赤卫队和革命士兵夺取政权，建立了世界上第一个社会主义国家。但70多年后，拥有近2000万党员和530万军队的苏联共产党却亡党亡国、丧失政权，其中一个很重要的原因就是军队脱离了党的领导。

中国共产党和中国革命是在十月革命的直接影响下成立和兴起的。我们党也创建了红军，但中国红军并没有简单照搬苏联红军的模式，而是从中国实际出发形成了一系列延续至今的自身特点。最根本的特点，就是党指挥枪而不是枪指挥党的建军根本原则，并且实行和坚持了诸如党委统一的集体领导下的首长分工负责制、党支部建在连

上、设立政治委员和政治工作机关等一系列重要制度，以确保党对军队的绝对领导，使军队完全地无条件地置于党的领导之下。新中国成立后，设立了国家的军事领导机构，将党指挥枪的建军原则上升为国家基本军事制度，从根本上实现了党的军队、人民的军队、社会主义国家的军队的有机统一。改革开放以后，党和国家军事领导制度进一步创新完善。特别是党的十九届四中全会把党对人民军队的绝对领导确定为中国特色社会主义一项根本制度，体现了执政必须执军、强国必须强军的必然要求。在人民军队的历史上，为什么从来没有一支成建制的队伍被敌人拉过去，也没有任何人能利用军队来达到个人政治目的？因为这支军队从来是听党指挥的，党指向哪里就能打到哪里。

党对人民军队的绝对领导制度，把马克思主义建党建军学说同中国实际紧密结合，以党的先进性赋予人民军队先进性，科学回答了无产阶级政党和无产阶级军队之间领导与被领导关系以及党如何对军队实施独立的、直接的、全面的领导问题，用丰富的理论内涵和成功的实践成效发展了马克思主义国家学说，是中国共产党建军治军的伟大创造。

## 提出建立共产党领导的多党合作和这一基本政治制度和中国特色政党制度，创造性发展了马克思主义多党合作和统一战线的思想

中国共产党领导的多党合作和政治协商制度，产生于新民主主义革命时期、制度化于新中国成立之后、法制化于改革开放历史新时期、成熟化于党的十八大以来，是马克思主义多党合作和统一战线思想在中国的成功运用和发展。

无产阶级革命需要共产党人与其他工人政党和民主政党结成同盟，这是马克思主义一个基本观点。早在《共产党宣言》里就写着：在德国，只要资产阶级采取革命的行动，共产党就同它一起去反对专制君主制、封建土地所有制等等。然而，把马克思主义多党合作和统一战线思想具体运用于革命实践却并不容易。俄国二月革命中，列宁领导的布尔什维克党一度同左派社会革命党人组成了联合政府，后来左派社会革命党人自己退出了政府，苏联最终形成了一党制。

中国共产党在这个问题上真正作出了历史性贡献。以

毛泽东为主要代表的中国共产党人关于多党合作和统一战线的重要思想认为，无产阶级领导的统一战线需要争取民族资产阶级参加，在特殊条件下还需要把一部分大资产阶级也包括在内，以求最大限度地孤立最主要的敌人；无产阶级在同资产阶级结成统一战线时，必须保持自己的独立性，实行又团结又斗争、以斗争求团结的政策。这一思想还提出，无产阶级及其政党要实现自己对同盟者的领导，必须既要率领同盟者向着共同的敌人作坚决斗争并取得胜利，也要对同盟者给予物质利益、至少不损害其利益，等等。在党的多党合作和统一战线思想指导下，中国共产党在新民主主义革命时期同国民党实现了两次合作，并且同一些中间力量和民主党派建立了统一战线。新中国成立后，党把这种统一战线性质的政党合作关系升格为具有国家基本制度性质的政党合作制度，1993 年的宪法修正案明确规定：中国共产党领导的多党合作和政治协商制度是国家基本政治制度。

中国共产党领导的多党合作和政治协商制度，把领导核心的一元性与领导结构的多元性有机统一起来，形成了共产党领导、多党派合作，共产党执政、多党派参政的政治格局；共产党和各民主党派在国家重大问题上进行民主协商、科学决策，在相互关系问题上坚持长期共存、相互监督、肝胆相照、荣辱与共方针，这既避免了多党竞争、相互倾轧造成的政治动荡，又避免了一党执政缺乏监督导致的种种弊端，可以按照绝大多数人民群众的意愿集中力量办大事。这确实是中国共产党、中国人民和各民主党派、无党派人士饱含政治智慧的伟大创造。

## 提出在单一制国家内实行民族区域自治制度，创造性发展了马克思主义民族理论

马克思主义在民族问题上的根本立场是坚持各民族一律平等，反对任何形式的民族歧视、民族压迫和民族特权，实现各民族共同团结奋斗、共同繁荣发展。中国共产党把马克思主义民族理论同我国统一的多民族国家实际相结合，坚持走中国特色解决民族问题的正确道路，确立了民族区域自治制度这一独特形式。

中国自古以来就是一个统一的多民族国家，各民族共同开拓了中国的辽阔疆域、共同书写了悠久的中国历史、共同创造了灿烂的中华文化、共同孕育了伟大的中华民族精神。中华民族多元一体格局、中国多民族大一统格局，是我国五千年文明发展史遗留和传承下来的宝贵政治财富，也是我国发展进步的巨大优势。实行民族区域自治制

度，继承了我国多元一体历史传统，符合我国少数民族人口分布广泛、交错杂居的现实条件。在国家统一领导下，各少数民族聚居的地方实行区域自治，设立自治机关，行使自治权；一个民族可以在多个聚居地区建立不同行政地位的区域自治地方，也可以单独建立或与其他民族共同建立不同行政地位的区域自治地方。这样的制度，既保证了国家团结统一，又最大限度地满足了少数民族实行区域自治的权利，实现了各民族共同当家作主。

当今世界，不同国家在处理民族关系、解决民族问题方面采取了不同制度。中国共产党坚持从我国国情出发解决民族问题，不照搬他国模式。新中国成立初期，毛泽东就明确指出："苏联的少数民族人口，占全国人口的一半，他们实行加盟共和国、自治共和国的办法。我们这里少数民族人口占百分之六，实行民族区域自治的办法。有些人想援引苏联的办法，在中国成立加盟共和国或自治共和国，这是不对的。"改革开放后邓小平也强调："解决民族问题，中国采取的不是民族共和国联邦的制度，而是民族区域自治的制度。我们认为这个制度好，适合中国的情况。"习近平总书记也明确指出："民族区域自治是党的民族政策的源头，我们的民族政策都是由此而来、依此而存。"我国实行民族区域自治制度70多年来，少数民族地区经济、政治、文化、社会、生态文明建设都取得显著成就，与其他地区之间的发展差距不断缩小，中华民族多元一体格局不断巩固。实践充分证明，民族区域自治制度是具有强大生命力和优越性的好制度。

## 提出全面推进依法治国，建设中国特色社会主义法治体系、建设社会主义法治国家的目标，创造性发展了马克思主义法治思想

马克思主义认为，经济基础对法律上层建筑具有决定性作用，决定了法治建设的国别性特征和阶段性特征。世界上不存在放之四海而皆准的法治建设模式，更不能把法治建设现代化等同于"西方化"。中国的法治建设必须植根于中国国情，与中国的生产力水平和发展阶段相适应。新中国成立后，中国共产党创造性运用马克思主义法治思想建设社会主义国家制度，在废除旧法统的同时逐步确立并巩固了我国的国体、政体、基本政治制度、基本经济制度、法律制度和各方面重要制度。改革开放以来，党坚持把依法治国作为党领导人民治理国家的基本方略，把依法执政作为党治国理政的基本方式，不断丰富和完善中国特色社会主义法治体系，为当代中国的发展进步提供了有力

保障。党的十八大以来，以习近平同志为核心的党中央推动中国特色社会主义法律体系日益健全、法治体系不断完善，我国法治建设取得历史性成就。最近颁布的《中华人民共和国民法典》，是新中国成立以来第一部以"法典"命名的法律，是新时代我国社会主义法治建设的重大成果。

习近平总书记明确提出："我们要坚持的中国特色社会主义法治道路，本质上是中国特色社会主义道路在法治领域的具体体现；我们要发展的中国特色社会主义法治理论，本质上是中国特色社会主义理论体系在法治问题上的理论成果；我们要建设的中国特色社会主义法治体系，本质上是中国特色社会主义制度的法律表现形式。"经过新中国 70 多年的探索和实践，中国共产党确立了坚持中国特色社会主义法治道路的前进方向，确立了 2035 年基本建成社会主义法治国家、法治政府、法治社会的宏伟蓝图，确立了坚持人民主体地位的法治建设基本原则，确立了科学立法、严格执法、公正司法、全民守法的法治建设总方针，确立了坚持依法治国、依法执政、依法行政共同推进，坚持法治国家、法治政府、法治社会一体建设的法治建设规划布局，确立了坚持党的领导、人民当家作主、依法治国有机统一的法治建设根本要求。这是我国社会主义法治建设的伟大历史性成果，在理论上和实践上丰富和发展了马克思主义法治思想。

## 提出坚持和完善党和国家监督体系、强化对权力运行的制约和监督，创造性发展了马克思主义党内监督和人民监督的思想

党内监督是无产阶级政党加强自身建设的重要内容和内在要求，马克思、恩格斯对此高度重视并提出许多基本思想。列宁形成了一整套党和国家监督的理论，如实行民主集中制，成立党的专门监督机构——监察委员会，加强工农监督、以权利制约权力，加强法律监督、保障党内监督等等。回顾历史，无产阶级政党执政以后在加强和健全党和国家监督制度方面取得了丰硕成果，也有不少沉痛教训。特别是如何有效地监督党和国家各级领导机关和领导干部尤其是"一把手"正确行使权力，仍然需要在实践中不断探索。

中国共产党清醒认识到，在党全面领导、长期执政条件下，党要保证干部清正、政府清廉、政治清明，就必须既要完善自我监督又要加强对国家机关的监督。党的十八大以来，党中央从政治和全局高度推进监督制度改革，初

步形成党和国家监督体系总体框架。党的十九大明确提出"构建党统一指挥、全面覆盖、权威高效的监督体系"的战略任务。十三届全国人大一次会议审议通过的宪法修正案专门增写监察委员会，确立了监察委员会作为国家机构的法律地位。党的十九届四中全会第一次明确了党和国家监督体系在中国特色社会主义制度和国家治理体系中的重要地位。这一切，表明我们党对长期执政条件下勇于进行自我革命、坚持和完善党和国家监督制度的认识达到一个新的高度。

根据党的十九大和十九届四中全会精神，坚持和完善党和国家监督体系，是一项复杂的系统工程。第一位的任务是完善党内监督体系，重点加强对高级干部、各级主要领导干部的监督，以党内监督为主导推动各类监督有机贯通、相互协调，增强监督合力。其二是完善权力配置和运行制约机制，坚持权责法定、权责透明、权责统一，严格执行一系列强化监督的规定，切实防止权力滥用。其三是构建一体推进不敢腐、不能腐、不想腐体制机制，深化标本兼治，坚定不移推进反腐败斗争。这些新的决策部署和思路举措切实可行，是对马克思主义党内监督和人民监督思想的丰富和发展。

## 提出"一个国家，两种制度"的国家治理模式，创造性发展了马克思主义关于社会主义国家与资本主义国家之间实行和平共处的思想

列宁在俄共（布）第八次全国代表大会上提出："俄罗斯社会主义联邦苏维埃共和国希望同各国人民和平相处，把自己的全部力量用来进行国内建设，以便在苏维埃制度的基础上搞好生产、运输和社会管理工作。"这一思想后来一直成为社会主义国家处理同资本主义国家关系的指导方针，也是我国坚持和平外交政策的指导思想。1954年，周恩来根据列宁和平共处思想结合二战后国际关系新特点，同亚洲其他国家领导人一起提出了和平共处五项原则，使之成为处理当今国际关系的基本原则。

在解决香港回归、海峡两岸统一问题时，邓小平对和平共处原则进行了大胆探索和运用。他指出："根据中国自己的实践，我们提出'一个国家，两种制度'的办法来解决中国的统一问题，这也是一种和平共处。""和平共处的原则用之于解决一个国家内部的某些问题，恐怕也是一个好办法。""一国两制"这种全新的政治制度安排，

在马克思主义经典论述中找不到，在其他国家的实践中也没有过，既解决了两个不同政治制度和政治实体存在的矛盾和问题，又有利于促进民族和国家的统一，是和平共处原则在处理国家统一问题上的创造性运用和发展。香港回归23年、澳门回归21年的历史充分表明，"一国两制"是香港、澳门保持长期繁荣稳定的最佳制度安排，确实是中国特色社会主义的一个伟大创举。

"一国两制"，"一国"是实行"两制"的前提和基础，"两制"从属和派生于"一国"并统一于"一国"之内。要把坚持"一国"原则和尊重"两制"差异、维护中央对特别行政区全面管治权和保障特别行政区高度自治权结合起来，根据新的实践和需要完善特别行政区的相关制度和机制。十三届全国人大三次会议通过《全国人民代表大会关于建立健全香港特别行政区维护国家安全的法律制度和执行机制的决定》，并授权全国人大常委会制定香港特别行政区维护国家安全的法律，这是依法行使宪法和基本法赋予中央的各项权力的具体体现，是依法治港、提高香港特别行政区依法治理能力和水平的具体体现，合情合理合法、势在必行，必将为推动"一国两制"行稳致远、维护香港繁荣稳定提供有力法律保障和制度保障。

## 提出实行包括所有制结构、分配制度和经济体制"三位一体"的社会主义基本经济制度，创造性发展了科学社会主义理论

我国社会主义基本经济制度，主要包括生产资料所有制、分配方式和资源配置方式等基本要素，是经济制度体系中具有长期性和稳定性的部分，对经济制度属性和经济发展方式具有决定性影响。

新中国成立后，我们党在探索建立什么样的社会主义基本经济制度问题上，取得过重大成就，也经历过曲折，形成过分单一的所有制结构和后来越来越不适应生产力发展新要求的经济体制。党的十一届三中全会以来，党深刻总结国内外正反两方面经验，从我国社会主义初级阶段的基本国情出发，解放思想、实事求是，实现了从单一的公有制经济向公有制为主体、多种所有制经济共同发展的转变，实现了从单一的按劳分配方式向按劳分配为主体、多种分配方式并存的转变，实现了从高度集中的计划经济体制向市场在资源配置中起决定性作用、更好发挥政府作用的社会主义市场经济体制的转变，极大地解放和发展了社会生产力，极大地增强了社会活力。

在实践探索和实践检验的基础上，党的十五大第一次明确提出"公有制为主体、多种所有制经济共同发展，是我国社会主义初级阶段的一项基本经济制度"。党的十六大进一步明确提出毫不动摇地巩固和发展公有制经济，毫不动摇地鼓励、支持和引导非公有制经济发展的重要思想和政策导向。党的十八届三中全会明确提出公有制经济和非公有制经济都是社会主义市场经济的重要组成部分，都是我国经济社会发展的重要基础。党的十九届四中全会对社会主义基本经济制度作出新概括，把按劳分配为主体、多种分配方式并存和社会主义市场经济体制上升为基本经济制度。所有这些，都是对科学社会主义理论和实践的丰富发展，也都是对中国特色社会主义政治经济学最为显著的理论创新。

## 提出坚持和完善中国共产党全面领导制度，创造性发展了马克思主义关于无产阶级领导权和马克思主义执政党建设的思想

无产阶级运动必须由马克思主义政党来领导，是马克思主义的根本原则。马克思、恩格斯在总结巴黎公社教训时特别指出：为了把工人阶级团结起来进行革命斗争，需

要由工人阶级先进分子组成独立的无产阶级革命政党，并发挥党在革命斗争中的领导作用。列宁在《国家与革命》等著作中明确提出，无产阶级专政的核心问题是无产阶级通过它的先锋队共产党来掌握国家政权。十月革命胜利后列宁把党的民主集中制原则运用于国家政权建设，提出党要领导国家，党通过苏维埃机关在苏维埃宪法的范围内贯彻自己的决定，充分发挥在国家生活中的领导权。十月革命的胜利、苏联社会主义建设的成就和卫国战争的胜利，根本上都是因为有苏联共产党的领导。苏联后来发生剧变和解体，则是因为苏联共产党放弃了对国家的领导，教训十分惨痛。

中国共产党之所以能够领导中国革命、建设、改革不断从胜利走向胜利，关键在于能够与时俱进地坚持和加强党的领导，充分发挥党的领导核心作用。新民主主义革命时期，党当仁不让地担负起领导人民进行反对帝国主义、封建主义、官僚资本主义的革命重任，提出代表中国最广大人民利益的正确政治纲领和政治主张，对革命根据地的工农苏维埃政权、抗日根据地的"三三制"政权等实行坚强领导。新中国成立后，党成为执政党，党的政治、思想、组织等领导融入国家制度，体现在国家生活和社会生活的各个方面。党的十一届三中全会以后，党坚定不移地实行改革开放，同时毫不动摇地在改革开放中坚持和改善党的领导。党的十八大以来，党中央以全新的视野深化对共产党执政规律的认识，不断完善党的领导体制机制，形成一整套坚持党的领导的制度规范和工作机制，并转化为国家治理的制度优势，使中国特色社会主义制度彰显出更加强大的生机活力。

毛泽东在总结中国革命胜利的经验时，把党的领导作为一个最重要法宝。习近平总书记在论述中国特色社会主义时也明确指出，党的领导是中国特色社会主义最本质的特征，是中国特色社会主义制度的最大优势。党政军民学、东西南北中，党是领导一切的。可以说，世界上没有哪个马克思主义政党像中国共产党这样，任何时候都始终高度重视坚持和加强党的领导、都能够有力有效地实施党的领导，把党的领导作用发挥到了极致。这正是中国共产党对马克思主义国家学说和政党思想的创造性运用和发展。

中国特色社会主义制度是马克思主义国家学说同中国具体实际相结合的产物，是扎根中国大地、务实管用有效的制度安排。新冠肺炎疫情防控斗争的成功实践再次充分展示了中国特色社会主义制度的强大生命力和显著优越性。随着新时代中国共产党带领人民坚持和发展中国特色社会主义的伟大实践继续波澜壮阔地展开，这一制度必将进一步展示出强大生命力和显著优越性，也必将以新的创新成果不断对马克思主义国家学说作出新的更大贡献。

（原载《学习时报》2020 年 6 月 22 日）

# 坚持和完善中国特色
# 社会主义根本制度

中国特色社会主义根本制度，同中国特色社会主义基本制度、中国特色社会主义重要制度一道，都是党的十九届四中全会加以明确的重大政治概念。

何为中国特色社会主义根本制度？就是那些体现中国特色社会主义本质特征和国家性质、从根本上保证中国特色社会主义方向、在中国特色社会主义制度中起决定性作用的制度。学习贯彻党的十九届四中全会精神、坚持和完善中国特色社会主义根本制度，就要坚持和完善以下这些制度。

## 坚持和完善党的领导根本制度

中国共产党领导是中国特色社会主义最本质的特征，是中国特色社会主义制度的最大优势。在当代中国国家治理体系中，中国共产党是最高政治领导力量，党的领导制度是党和国家各领域各方面制度的"纲"，处于统筹、统领、统帅地位，是我国最重要最根本的制度。没有中国共产党领导，哪有新中国的成立，哪有社会主义基本制度的确立，哪有中国特色社会主义的开创，又哪有中国特色社会主义一整套制度和国家治理体系的建立、完善和发展？坚持和加强党的全面领导，关系党和国家前途命运；在这个问题上出现失误错误，往往是灾难性、颠覆性的。党的十八大以来，以习近平同志为核心的党中央全面加强和改进党的领导，不断健全和完善党的领导的体制机制，形成了一套坚持和完善党的领导的制度规范和工作机制，并转化为国家治理的制度优势，使中国特色社会主义制度彰显出更加强大的生机活力。

党的十九届四中全会系统总结我国国家制度和国家治理体系的发展成就，把坚持党的领导这一显著优势放在我国国家制度和国家治理体系 13 个方面显著优势的首位，旗帜鲜明强调"党政军民学、东西南北中，党是领导一切的，坚决维护党中央权威，健全总揽全局、协调各方的党的领导制度体系，把党的领导落实到国家治理各领域各方面各环节"，这其中贯穿的核心要义就是党的领导制度是中国特色社会主义根本制度。全会把坚持和完善党的领导制度体系，提高党科学执政、民主执政、依法执政水平，放在坚持和完善中国特色社会主义制度、推进国家治理体系和治理能力现代化的首要位置，突出了党的领导制度在国家制度和国家治理体系中的根本制度定位，抓住了国家制度建设和国家治理的关键和根本，使坚持和加强党的领导具有了更强的制度约束力。

中国特色社会主义进入新时代，中国特色社会主义制度和国家治理体系首先是党的领导制度需要与时俱进地不断完善和发展。党的十九届四中全会立足于健全总揽全局、协调各方的党的领导制度体系，明确提出 6 个方面主要任务，即：建立不忘初心、牢记使命的制度；完善坚定维护党中央权威和集中统一领导的各项制度；健全党的全面领导制度；健全为人民执政、靠人民执政各项制度；健全提高党的执政能力和领导水平制度；完善全面从严治党制度。贯彻落实四中全会精神，就要把贯彻落实以上 6 个方面任务摆在突出位置，在坚持和完善党的领导制度体系方面下更大功夫，推动各级党组织、所有党和国家机构把党的领导全方位体现到国家治理的方方面面，有效转化为国家制度优势和国家治理效能。

# 坚持和完善人民民主专政根本制度

人民民主专政作为中华人民共和国的国体、作为我国根本的国家制度，是马克思列宁主义国家学说在中国创造性运用和发展的产物。1871 年 3 月在法国巴黎无产阶级革命风暴中建立的"巴黎公社"，是无产阶级夺取政权的首次尝试。马克思、恩格斯总结巴黎公社的宝贵经验，明确指出：无产阶级夺取政权以后不能简单地运用现成的国家机器来达到自己的目的，必须建立无产阶级专政的国家机器来代替统治阶级的国家机器。马克思、恩格斯认为巴黎公社失败的一个主要原因是缺乏无产阶级政党领导，因此他们特别提出：为了把工人阶级团结起来进行革命斗争，需要由工人阶级先进分子组成独立的无产阶级革命政党，并充分发挥这个党在革命斗争中的领导作用。列宁继承和发展了马克思、恩格斯的无产阶级专政理论，领导俄国十月革命取得成功，建立了世界上第一个无产阶级专政的社会主义国家，为其他国家提供了进行革命、建立无产阶级专政国家的榜样。

中国共产党和中国革命，是在马克思列宁主义指导下、在俄国十月革命影响下建立和发展起来的。人民民主专政，就是我们党团结带领中国人民在推翻帝国主义、封建主义和官僚资本主义的反动统治之后，根据我国历史条件和具体情况，创造性运用马克思列宁主义无产阶级专政理论建立起来的全新国家制度。在中国共产党的许多文件和毛泽东的《新民主主义论》《论联合政府》《论人民民主专政》等著作中都明确提出了人民民主专政的理论主张。在新中国成立前各革命根据地建设中，已经进行了人民民主专政的实践探索。毛泽东强调指出："总结我们的经验，集中到一点，就是工人阶级（经过共产党）领导的以工农联盟为基础的人民民主专政。这个专政必须和国际革命力量团结一致。这就是我们的公式，这就是我们的主要经验，这就是我们的主要纲领。"毛泽东还明确阐述了人民民主专政的科学内涵，指出"对人民内部的民主方面和对反动派的专政方面，互相结合起来，就是人民民主专政"。新中国70年的实践证明，人民民主专政是符合中国国情、厚植于人民之中，具有强大生命力和巨大优越性的根本制度。

党的十九届四中全会强调"我国是工人阶级领导的、以工农联盟为基础的人民民主专政的社会主义国家"，鲜明表达了坚持人民民主专政这一国家根本制度的坚定意志。全会强调坚持人民主体地位，坚定不移走中国特色社会主义政治发展道路，使各方面制度和国家治理更好体现人民意志、保障人民权益、激发人民创造，确保人民依法通过各种途径和形式管理国家事务，管理经济文化事业，管理社会事务，并且明确提出了坚持和完善人民民主专政根本制度的重要任务。从一定意义上说，全会对坚持和完善中国特色社会主义制度、推进国家治理体系和治理能力现代化作出的全部制度安排和部署，都是对人民民主专政根本制度的坚持和完善。

## 坚持和完善人民代表大会根本制度

人民代表大会制度是符合中国国情、体现社会主义国家性质、保证人民当家作主的根本制度，是支撑国家治理体系和治理能力的根本制度。作为国家政治制度体系和国家政权组织体系的根基，人民代表大会制度实现了国体与政体、民主与效率的有机统一，是坚持党的领导、人民当家作主、依法治国有机统一的根本制度安排，集中体现了我国社会主义民主政治的特点和优势。党的十九届四中全会充分阐述了人民代表大会根本制度的地位、特点、优势，明确提出了今后一个时期坚持和完善人民代表大会根本制度的重点方向、主要任务、工作要求和重要举措。

其一要支持和保证人民通过人民代表大会行使国家权力，保证各级人大都由民主选举产生、对人民负责、受人民监督，保证各级国家机关都由人大产生、对人大负责、受人大监督。这是对各级人大及其常委会的要求，也是对各级国家机关及其工作人员的要求。换句话说，就是要通过人民代表大会，从各层次各领域扩大公民有序政治参与，依法保障公民的知情权、参与权、表达权、监督权，依法保证全体社会成员平等参与、平等发展的权利；同时畅通社情民意反映和表达渠道，积极回应社会关切，统筹兼顾不同利益诉求，最大限度调动积极因素、化解消极因素。

其二要支持和保证人大及其常委会依法行使立法权，完善以宪法为核心的中国特色社会主义法律体系，加强重要领域立法，坚持科学立法、民主立法、依法立法，不断提高立法质量和效率；依法行使监察权，健全人大对"一府一委两院"监督制度，加强对法律实施的监督，保证行政权、监察权、审判权、检察权得到依法正确行使，保证公民、法人和其他组织合法权益得到切实保障，坚决排除对执法司法活动的干预；依法行使决定权，根据宪法和有关组织法讨论决定全国和本行政区内的重大事项；依法行使任免权，严格依照法定职权和法定程序选举和任免国家机关领导人员、组成人员和有关工作人员。

其三要密切人大代表同人民群众的联系，健全代表联络机制，更好发挥人大代表作用。一方面，各级人大代表要通过调研、视察、走访、代表之家、代表活动室、代表接待日、网络平台等方式和渠道，了解社情民意，反映群众诉求，宣传国家法律法规和方针政策。另一方面，各级人大常委会要完善代表联系制度，支持和保证代表依法履职，充分发挥代表作用。

其四要健全人大组织制度、选举制度和议事规则，完善论证、评估、评议、听证制度。根据党中央部署要求，总结实践经验，适应新形势新要求，完善人大组织体系、工作机制、议事规则方面的法律制度，健全人大组织制度和运行机制，使各级人大及其常委会成为全面担负起宪法法律赋予的各项职责的工作机关，成为同人民群众保持密切联系的代表机关。

## 坚持和完善马克思主义在意识形态领域指导地位根本制度

马克思主义以科学的世界观和方法论揭示了人类社会发展规律，是我们立党立国的根本指导思想。中国共产党是在马克思主义指引和武装下成长和发展起来的，党的先进性和纯洁性是在马克思主义思想理论的先进性和科学性滋养下形成和丰富起来的，党的团结统一和强大战斗力是在马克思主义这个全党共同思想基础上凝聚和强大起来的。归根到底一句话：党领导的中国革命、建设、改革的全部成就，都是在马克思主义和马克思主义中国化成果指引下取得的。党的十九届四中全会把马克思主义在意识形态领域的指导地位上升为一项根本制度，客观反映了马克思主义传入中国后发挥的伟大历史作用，用制度形态确立了马克思主义指导思想在中国特色社会主义制度中的根本制度地位，这是具有重大意义的。

坚持和完善马克思主义在意识形态领域指导地位根本制度，最重要的就是坚持和巩固习近平新时代中国特色社会主义思想在党和国家的指导思想地位。习近平新时代中国特色社会主义思想是马克思主义中国化最新成果，是当代中国马克思主义、21世纪马克思主义，为实现强党强国和民族复兴提供了科学行动指南，为党和人民提供了强大思想武器。要按照学懂弄通做实的要求，深入推进习近平新时代中国特色社会主义思想学习教育，引导党员干部深刻认识这一思想的历史地位和重大意义，深刻理解这一思想的精神实质、丰富内涵、核心要义、实践要求，深刻体悟贯穿其中的马克思主义立场观点方法，真正把学习这一思想的收获转化为增强"四个意识"、坚定"四个自信"、做到"两个维护"的实际行动，转化为做好工作的理念思路、举措办法和科学方法。

坚持和完善马克思主义在意识形态领域指导地位根本制度，要求我们必须牢牢把握社会主义先进文化前进方向，加强党对意识形态工作的全面领导。现在，我国文化领域正在发生广泛而深刻的变革，社会文化生态更加复杂，坚持以马克思主义统领多样化文化发展的重要性日益突出。这就必须坚持党管宣传、党管意识形态、党管媒体不动摇，把意识形态工作领导权牢牢掌握在忠诚于党、忠诚于马克思主义的人手中，不断增强意识形态领域的主导权和话语权。

党的十九届四中全会明确提出坚持马克思主义在意识形态领域的指导地位，必须注意区分政治原则问题、思想认识问题、学术观点问题，旗帜鲜明反对和抵制各种错误观点。这个要求很重要，也很有现实针对性。在这个重大问题上，一定要坚持实事求是、客观公正，坚持具体问题具体分析，是什么问题就是什么问题，就按照解决这样性质问题的方式去解决，既要防止把学术观点问题特别是思想认识问题上升为政治原则问题，又要防止把政治原则问题淡化为学术观点问题或思想认识问题。

## 坚持和完善党对人民军队的
## 绝对领导根本制度

人民军队是中国特色社会主义的坚强柱石。党对人民军队的绝对领导是中国特色社会主义的本质特征，是党和国家的重要政治优势，是人民军队的建军之本、强军之魂。党的十九届四中全会把"坚持党指挥枪"作为我国国家制度和国家治理体系一个显著优势，把"党对人民军队的绝对领导"上升为中国特色社会主义一项根本制度并作出科学部署，这对于巩固党的执政地位、保证人民当家作主、实现党和国家长治久安具有重大而深远的意义。

党对人民军队的绝对领导根本制度，发轫于南昌起义党独立领导新型人民军队的壮举，奠基于三湾改编"支部建在连上"的创造，定型于古田会议确立思想建党、政治建军原则，丰富和发展于党领导人民军队进行革命、建设、改革的伟大实践。90多年来，这支人民军队经受过各种考验，经历了大大小小几百场战争，之所以艰难奋斗而不溃散，屡经挫折愈加顽强，高歌猛进决战决胜，最根本的就是有党的坚强领导。没有这样一支党绝对领导下的人民军队，不可能有人民的解放和国家的独立。1949年3月5日，毛泽东在七届二中全会上就说过："所谓人民共和国就是人民解放军，蒋介石的亡国，就是亡了军队。"

在新时代，坚持和完善党对人民军队的绝对领导根本制度，是坚持和完善中国特色社会主义制度、推进国家治理体系和治理能力现代化的重要组成部分，也是实现中国梦和强军梦的坚强保证。当今世界正经历百年未有之大变局，我国正处于实现中华民族伟大复兴关键时期。面对强国强军的时代要求，面对国家安全环境深刻变化，必须与时俱进丰富和完善党对人民军队的绝对领导根本制度，这样才能把党的政治优势和组织优势转化为制胜优势，确保军事力量建设和运用更好应对前进中的风险挑战，更好服从服务于中华民族伟大复兴这个最高利益和根本利益，忠实履行党和人民赋予的新时代使命任务。

坚持和完善党对人民军队的绝对领导根本制度，最基本的是军队必须无条件地置于党的领导之下，在思想上政治上行动上始终同党中央、中央军委保持高度一致，坚决维护党中央、中央军委权威，任何时候任何情况下都坚决听从党中央、中央军委指挥。这里最重要的，就是坚持人民军队最高领导权和指挥权属于党中央，全面深入贯彻军委主席负责制。党的十九届四中全会明确提出必须牢固确立习近平强军思想在国防和军队建设中的指导地位，全国武装力量由军委主席统一领导和指挥，完善贯彻军委主席负责制的体制机制，严格落实军委主席负责制各项制度规定等重大要求举措。这对于确保党对人民军队的绝对领导，实现党在新时代的强军目标，永葆人民军队的性质、宗旨、本色，具有根本作用。

归总起来说，党的领导根本制度、人民民主专政根本制度、人民代表大会根本制度、马克思主义在意识形态领域指导地位根本制度、党对人民军队的绝对领导根本制度，在我国国家制度和国家治理体系"四梁八柱"中起着"主梁"和"顶梁柱"作用，从根本上体现了中国特色社会主义的制度优势。学习贯彻党的十九届四中全会精神，就要牢固树立"根本制度"意识，任何时候任何情况下都只能巩固而不能动摇根本制度，只能完善而不能削弱根本制度。

（原载《学习时报》2019 年 11 月 29 日）

# 坚持和完善中国特色社会主义基本制度

中国特色社会主义基本制度，就是那些体现我国社会主义性质，规定着国家政治生活、经济生活基本原则，对国家经济社会发展具有重大影响的制度。贯彻落实党的十九届四中全会精神，需要坚持和完善以下中国特色社会主义基本制度。

## 坚持和完善中国共产党领导的多党合作和政治协商基本政治制度

中国共产党领导的多党合作和政治协商基本政治制度，是近代以来中国人民长期奋斗历史逻辑、理论逻辑、实践逻辑的必然结果，是我国社会主义政治制度的特有形式和独特优势，是中国共产党、中国人民和各民主党派、无党派人士的伟大政治创造。这一基本政治制度，能够真实、广泛、持续代表和实现最广大人民根本利益、全国各族各界根本利益，有效避免旧式政党制度代表少数人、少数利益集团的弊端；能够把各个政党和无党派人士紧密团结起来为着共同目标而奋斗，既有效防止了一党执政缺乏监督的问题，更有效避免了西方多党制必然导致的彼此排斥倾轧、相互恶性竞争的弊端；还能够通过制度化、程序化、规范化的安排广泛集中各种意见和建议、推动决策科学化民主化，有效避免旧式政党制度囿于党派利益、阶级利益、区域和集团利益而进行决策施政导致社会撕裂的弊端。总起来说，这一基本政治制度充分彰显共产党领导、多党派合作，共产党执政、多党派参政的显著特征，反映了我国人民当家作主的社会主义民主的本质。正如习近平总书记指出的，中国共产党领导的多党合作和政治协商制度作为我国一项基本政治制度，不仅符合当代中国实际，而且符合中华民族一贯倡导的天下为公、兼容并蓄、求同存异等优秀传统文化，是对人类政治文明的重大贡献。

我国宪法明确规定："中国共产党领导的多党合作和政治协商制度将长期存在和发展。"党的十九届四中全会对坚持和完善这一基本政治制度，既明确了必须牢牢坚持的重大原则，又作出了新的制度设计和安排。贯彻落实全会要求，必须切实贯彻长期共存、互相监督、肝胆相照、荣辱与共的方针，加强中国特色社会主义政党制度建设，充分发挥民主党派和无党派人士的参政议政和民主监督作用，健全相互监督特别是中国共产党自觉接受监督、对重大决策部署贯彻落实情况实施专项监督等机制，完善民主党派中央直接向中共中央提出建议制度，完善支持民主党派和无党派人士履行职能方法，展现我国新型政党制度优势。

人民政协是中国共产党领导的多党合作和政治协商制度的重要机构，是实行我国新型政党制度的重要政治形式和组织形式。各级人民政协应支持各民主党派和无党派人士在政协参与国家重大方针政策讨论协商，对各民主党派以本党派名义在政协发表意见、提出建议等作出机制性安排，切实为民主党派履职创造条件。党的十八大以来，各级人民政协健全以全体会议为龙头，以专题议政性常务委员会会议和专题协商会、协商座谈会等为重点的政协协商议政格局，取得重大进展和成绩。应乘势推进，不断完善发展。特别要支持各民主党派和无党派人士在政治协商中对国家大政方针和地方重要举措以及经济、政治、文化、社会、生态文明等方面的重要问题，充分协商讨论，提出意见、批评和建议。政协常务委员会会议等其他议政和工作方式，也应完善对各党派参加政协工作的共同性事务、政协内部重要事务等的协商和监督，充分发挥好民主党派作用。

## 坚持和完善民族区域自治基本政治制度

民族区域自治基本政治制度，就是在国家统一领导下，各少数民族聚居的地方实行区域自治，设立自治机关，行使自治权的制度。这一基本政治制度是中国共产党解决我国民族问题的创造性制度安排。

中国自古以来就是一个统一的多民族国家，各民族共同开拓了中国的辽阔疆域、共同书写了悠久的中国历史、共同创造了灿烂的中华文化、共同孕育了伟大的中华民族精神。中华民族多元一体格局、中国多民族大一统格局，是我国 5000 多年文明发展史遗留和传承下来的宝贵政治财富，也是我国发展进步的巨大优势。中国共产党把马克思主义民族理论同我国统一的多民族国家的国情结合起来，创造性地探索出了解决中国民族问题的正确道路，形成了在少数民族聚居地方实行民族区域自治制度这一独特形式。

我国实行民族区域自治制度，始终受到宪法和法律的有力保障。1949 年，民族区域自治制度在具有临时宪法性质的《中国人民政治协商会议共同纲领》中得到确立。1954 年召开的第一届全国人民代表大会，把民族区域自治制度载入了《中华人民共和国宪法》。2001 年修正的《中华人民共和国民族区域自治法》，把民族区域自治制度明确规定为国家的一项基本政治制度。党的十九大把坚持和完善民族区域自治制度，上升为新时代坚持和发展中国特色社会主义的一条基本方略。党的十九届四中全会把"坚持各民族一律平等，铸牢中华民族共同体意识，实现共同团结奋斗、共同繁荣发展"作为我国国家制度和国家治理体系的一个显著优势，并且对新时代坚持和完善民族区域自治制度作出了安排部署。目前，我国共有 5 个自治区、30 个自治州、120 个自治县（旗），还有将近 1000 个民族乡作为民族区域自治的重要补充形式，我国民族区域自治制度不断丰富、完善和发展。实践充分证明，民族区域自治制度符合我国国情，在维护国家统一、领土完整，在加强民族平等团结、促进民族地区发展、增强中华民族凝聚力等方面都起到了重要作用。贯彻落实全会部署，就要牢固树立制度自信，在任何时候都要坚定不移走中国特色解决民族问题的正确道路，在任何时候都要坚持并不断完善民族区域自治制度。

　　坚持和完善民族区域自治制度，首先要坚持各民族一律平等，坚持各民族共同团结奋斗、共同繁荣发展，保证民族自治地方依法行使自治权，保障少数民族合法权益，巩固和发展平等团结互助和谐的社会主义民族关系。要始终坚持中国共产党的全面领导，坚持统一和自治相结合、民族因素和区域因素相结合，坚持依法治国，促进各民族和睦相处、和衷共济、和谐发展，共同实现中华民族伟大复兴。其次要坚持不懈开展马克思主义祖国观、民族观、文化观、历史观宣传教育，不断增强各民族群众对伟大祖国、中华民族、中华文化、中国共产党、中国特色社会主义的认同，打牢中华民族共同体思想基础。还要全面深入持久开展民族团结进步创建，加强各民族交往交流交融。其三要支持和帮助民族地区加快发展，把政策动力和内生潜力有机结合起来，发挥中央、发达地区、民族地区三个积极性，对边疆地区、贫困地区、生态保护区实行差别化的区域政策，优化转移支付和对口支援体制机制，实施好促进民族地区和人口较少民族发展、兴边富民行动等规划，重点抓好就业和教育，抓好资源优势惠及当地和保护生态，抓好特困地区和特困群体脱贫，抓好基础设施和对外开放，不断提高各族群众生活水平。

## 坚持和完善基层群众自治基本政治制度

基层群众自治基本政治制度，就是人民群众在党的领导下对农村村级、城市社区公共事务和公益事业以及企事业单位实行民主管理的制度。这项制度始于新中国成立后我国城市建立的居民委员会。1982 年，城市居民委员会和农村村民委员会被一起写进宪法。1989 年、1998 年先后通过《中华人民共和国城市居民委员会组织法》《中华人民共和国村民委员会组织法》，1992 年党的十四大首次把我国基层民主制度形式确定为农村村民委员会、城市居民委员会和企业职工代表大会，此后逐步形成了以村委会、居委会和职代会为主要内容的基层群众自治基本政治制度。

村民自治是广大农民直接行使民主权利、依法办理自己事情的一项制度，宪法规定了村民委员会作为农村基层群众性自治组织的法律地位。城市居民委员会是我国城市基层群众性自治组织，也是在城市基层实现直接民主的重要形式。村民自治和城市居民自治，在中国共产党领导下实现民主选举、民主决策、民主管理和民主监督，实现自我管理、自我服务、自我教育、自我监督，通过所设立的人民调解、治安保卫、公共卫生等委员会，办理本居住地区的公共事务和公益事业，调解民间纠纷，协助维护社会治安，并且向人民政府反映群众的意见、要求和提出建议。职工代表大会制度，是保证职工对企事业单位实行民主管理的制度，是企事业单位职工参与管理，保证自身知情权、参与权、表达权、监督权，维护自身合法权益的基本制度形式。由村民自治、城市居民自治、企事业单位职工代表大会为主要内容的我国基层群众自治基本政治制度，有机衔接人民代表大会根本政治制度、中国共产党领导的多党合作和政治协商基本政治制度、民族区域自治基本政治制度，共同构成人民当家作主制度体系，从而使我国人民当家作主这一国家性质、国家制度不仅体现在国家事务层面、体现在经济和文化事业层面，而且体现在社会事务层面；不仅体现在人民代表制民主层面，也体现在基层直接民主层面。这一切，有力彰显了我国社会主义民主的显著优势和独有特色，充分展现了我国社会主义民主的广泛性和真实性。

党的十八大以来，随着我国工业化、城镇化快速发展，我国城乡利益格局深刻调整，城市和农村社会管理出现一系列新问题。党的十九届四中全会从新的实际出发，明确提出了健全基层群众自治制度的新要求新任务。一要健全基层党组织领导的基层群众自治机制。推动城乡社区党组织书记通过法定程序担任村（居）民委员会主任，村（居）两委班子交叉任职，使共产党员在村（居）委会成员和村（居）民代表中占到具有控制力的比例，把基层党组织领导作用体现到基层群众自治的各方面各领域各环节。二要着力推进基层直接民主制度化、规范化、程序化。建立健全相关制度，保证村（居）民群众选人用人权，落实民主选举，能够公开、公平、公正选人。建立健全议事协商决策制度和机制，保证村（居）民群众对村（居）重大事务的讨论决定权。三要健全以职工代表大会为基本形式的企事业单位民主管理制度。探索企业职工参与管理的有效方式，保障职工群众的知情权、参与权、表达权、监督权，维护职工合法权益。

## 坚持和完善社会主义基本经济制度

社会主义基本经济制度主要包括生产资料所有制、分配方式和资源配置方式三个基本要素，是经济制度体系中具有长期性和稳定性的部分，对经济制度属性和经济发展方式具有决定性影响。新中国成立后，我们面对的情况，既不是马克思主义创始人设想的在资本主义高度发展的基础上建设社会主义，也不完全相同其他社会主义国家，这就必须把马克思主义基本原理同中国具体实际相结合，在实践中开辟有中国特色的社会主义道路，建立健全有中国特色的社会主义基本经济制度。在这个问题上，我们党做过有益探索，取得过历史性成就，也经历过曲折失误。

党的十一届三中全会以来，我们党深刻总结国内外正反两方面经验，从我国社会主义初级阶段的基本国情出发，解放思想、实事求是，实现了从单一的公有制经济向公有制为主体、多种所有制经济共同发展的转变，实现了从单一的按劳分配方式向按劳分配为主体、多种分配方式并存的转变，实现了从高度集中的计划经济体制向市场在资源配置中起决定性作用、更好发挥政府作用的社会主义市场经济体制的转变，极大地解放和发展了社会生产力，极大地增强了社会活力，创造了世所罕见的经济快速发展奇迹和社会长期稳定奇迹。党的十九届四中全会从国家制度和国家治理体系层面，把"坚持公有制为主体、多种所有制经济共同发展和按劳分配为主体、多种分配方式并存，把社会主义制度和市场经济有机结合起来，不断解放和发展社会生产力"作为中国特色社会主义制度的一个显著优势，还把按劳分配为主体、多种分配方式并存和社会主义市场经济体制上升为社会主义基本经济制度。这是对社会主义基本经济制度作出的新概括，是对社会主义基本经济制度内涵作出的重大拓展和深化，也是用制度形态对改革开放40多年来我国经济体制改革伟大实践成果和巨大成就的充分肯定，具有重大理论意义和实践意义。

中国特色社会主义进入了新时代，但我国处于并将长期处于社会主义初级阶段的基本国情没有变，我国仍然是世界上最大的发展中国家的国际地位没有变。经济建设仍然是党和国家一切工作的中心，解放和发展社会生产力仍然是党和国家的根本任务，聚精会神搞建设、一心一意谋发展仍然是我们党执政兴国的第一要务。这就要求我们按照党的十九届四中全会的部署，全面贯彻党的基本理论、基本路线、基本方略，始终坚持以经济建设为中心，一如既往把发展作为第一要务，继续坚定不移全面深化改革。

习近平总书记指出："经济基础决定上层建筑。经济体制改革对其他方面改革具有重要影响和传导作用，重大经济体制改革的进度决定着其他方面很多体制改革的进度，具有牵一发而动全身的作用。"总书记还指出："在全面深化改革中，我们要坚持以经济体制改革为主轴，努力在重要领域和关键环节改革上取得新突破，以此牵引和带动其他领域改革，使各方面改革协同推进、形成合力，而不是各自为政、分散用力。"我们要认真贯彻落实习近平总书记的要求，在整体推进党的十九届四中全会部署的国家制度和国家治理体系建设 13 个方面任务的实践中，充分发挥以公有制为主体、多种所有制经济共同发展，按劳分配为主体、多种分配方式并存，社会主义市场经济体制等社会主义基本经济制度在整个体制改革和制度建设中的牵引作用，通过经济体制改革和经济基础建设带动和支撑上层建筑的变革和完善，更加充分地体现社会主义制度的优越性和强大活力。

（原载《学习时报》2019 年 12 月 2 日）

# 坚持和完善中国特色
# 社会主义重要制度

　　中国特色社会主义重要制度，是由中国特色社会主义根本制度、中国特色社会主义基本制度派生的国家治理各领域各方面的主体性制度，具体讲就是建立在根本制度、基本制度之上的关于法律法治、行政管理、文化建设、民生保障、社会治理、生态文明、"一国两制"、对外事务、党和国家监督等方面的主体性制度。中国特色社会主义重要制度，连接国家治理体系的顶层即根本制度、基本制度，向下延伸到社会生产生活的方方面面，使国家治理的总体要求、总体目标和一系列政策举措落实落细，使中国特色社会主义制度优势和国家治理体系的功能作用得到充分发挥。

# 坚持和完善中国特色社会主义
# 法治重要制度

　　建设中国特色社会主义法治体系，建设社会主义法治国家，是坚持和发展中国特色社会主义的内在要求。改革开放 40 多年来，我们党坚持把依法治国作为党领导人民治理国家的基本方略，把依法执政作为党治国理政的基本方式，不断丰富和完善中国特色社会主义法治重要制度，为当代中国的发展进步提供了有力保障。实践证明，改革发展稳定离不开法治护航，经济社会发展有赖于法治赋能，百姓平安福祉靠的是法治守卫。

　　法律是最重要的制度形式，也是制度的最高形式。坚持和完善中国特色社会主义法治重要制度，就要全面推进科学立法、严格执法、公正司法、全民守法制度建设和党内法规制度建设。在立法方面，要不断提高立法质量和立法效率，不断完善法律、行政法规、地方性法规以及与之相配套的制度规定，加快形成完备的法律制度体系，为全面依法治国提供基本依据。在执法方面，要坚持有法必依、执法必严、违法必究，严格规范公正文明执法，规范执法自由裁量权，加大关系群众切身利益的重点领域执法力度。在司法方面，要深化司法体制综合配套改革，完善审判制度、检察制度，全面落实司法责任制，完善律师制度，加强对司法活动的监督，加快形成高效的法治实施制度体系，确保法律法规全面有效实施。在守法方面，要加大全民普法工作力度，增强全民法治观念，完善公共法律服务体系，夯实依法治国群众基础。在党内法规制度方面，要坚持党规党纪严于国家法律，注重党内法规同国家法律相衔接相协调，加快形成完善的党内法规制度体系，充分发挥依规治党对依法治国的引领和保障作用。要抓紧完善立法、执法、司法权力运行制约和监督机制，加强党内监督、人大监督、行政监督、民主监督、司法监督、审计监督、社会监督和舆论监督制度建设，加快形成严密的法治监督制度体系，增强监督的合力和实效。

# 坚持和完善中国特色社会主义
## 政府治理重要制度

政府治理体系承担着按照党和国家决策部署推动经济社会发展、管理社会事务、服务人民群众的重大职责，是国家制度和国家治理体系的重要组成部分。党的十九届四中全会把"坚持和完善中国特色社会主义行政体制，构建职责明确、依法行政的政府治理体系"作为国家制度和国家治理体系建设的重大任务，反映了推进国家治理体系和治理能力现代化的必然要求。

在新时代，坚持和完善中国特色社会主义政府治理重要制度，一要完善国家行政体制，以推进国家机构职能优化协同高效为着力点，以国家治理体系和治理能力现代化为导向，优化行政决策、行政执行、行政组织、行政监督体制，健全部门协调配合机制，防止政出多门、政策效应相互抵消。二要优化政府职责体系，健全相关的制度和机制，完善政府经济调节、市场监管、社会管理、公共服务、生态环境保护等职能，实行政府权责清单制度，厘清政府和市场、政府和社会关系，提高政府执行力和公信力，建设人民满意的服务型政府。三要优化政府组织结构，推进机构、职能、权限、程序、责任法定化，使政府机构设置更加科学、职能更加优化、权责更加协同，有效履行国家行政管理职能。四要健全充分发挥中央和地方两个积极性体制机制，理顺中央和地方权责关系，加强中央宏观事务管理，维护国家法制统一、政令统一、市场统一。赋予地方更多自主权，支持地方创造性开展工作。按照权责一致原则，规范垂直管理体制和地方分级管理体制。构建从中央到地方权责清晰、运行顺畅、充满活力的工作体系。

# 坚持和完善中国特色社会主义
# 文化重要制度

中国特色社会主义文化是国家治理体系和治理能力现代化的深厚支撑。在 5000 多年文明发展中孕育的中华优秀传统文化，在中国共产党和中国人民伟大斗争中孕育的革命文化和社会主义先进文化，积淀着中华民族最深层的精神追求，代表着中华民族独特的精神标识。弘扬中国特色社会主义文化，不仅要靠教育引导和实践养成，而且要靠制度和体制机制来保障。

这就必须坚持和完善以社会主义核心价值观引领文化建设制度。首先要坚持中国特色社会主义共同理想，大力弘扬以爱国主义为核心的民族精神和以改革创新为核心的时代精神，引导人们深刻认识实现中华民族伟大复兴的现实基础和光明前景，坚定"四个自信"。还要坚持依法治国和以德治国相结合，完善弘扬社会主义核心价值观的法律政策体系，把核心价值观要求融入法治建设和社会治理，渗透到精神文化产品创作生产传播全过程，增进人们对核心价值观的认同和践行。

这就必须健全人民文化权益保障制度。一方面，要坚持以人民为中心的工作导向，完善文化产品创作生产传播的引导激励机制，推动广大文化文艺工作者把最好的精神食粮奉献给人民。另一方面，要完善城乡公共文化服务体系，优化城乡文化资源配置，推动基层文化惠民工程扩大覆盖面、增强实效性，鼓励社会力量参与公共文化服务体系建设。

这就必须完善坚持正确导向的舆论引导工作机制。牢牢坚持团结稳定鼓劲，正面宣传为主，唱响主旋律、弘扬正能量，将正确导向贯穿舆论工作各方面各环节，落实到每一名舆论工作者行动上，提高新闻舆论的传播力、引导力、影响力、公信力。

这就必须建立健全把社会效益放在首位、社会效益和经济效益相统一的文化创作生产体制机制。要引导各类文化创作主体自觉讲品位、讲格调、讲责任，努力做到"两个效益"相统一、双丰收，在造福社会、造福人民中实现文化理想和价值。

## 坚持和完善统筹城乡的
## 民生保障重要制度

坚持和完善统筹城乡的民生保障制度，是践行党的全心全意为人民服务根本宗旨的具体体现，是适应我国社会主要矛盾转化、满足人民对美好生活需要的必然选择。我们既要紧紧抓住人民群众最关心最直接最现实的利益问题，尽力而为、量力而行；又要注重加强普惠性、基础性、兜底性民生建设；还要不断创新公共服务提供方式，满足人民多层次多样化需求。

首先要健全有利于更充分更高质量就业的促进机制。健全公共就业服务和终身职业技能培训制度，完善城乡均等的公共就业服务体系和重点群众就业支持体系，建立促进创业带动就业、多渠道灵活就业机制，形成政府激励创业、社会支持创业、劳动者勇于创业的格局，促进广大劳动者实现体面劳动、全面发展。

其二要构建服务全民终身学习的教育体系。全面贯彻党的教育方针，推动城乡义务教育一体化发展，加强农村义务教育，健全学前教育、特殊教育和普及高中阶段教育保障制度，完善职业技术教育、高等教育、继续教育统筹协调发展机制，支持和规范民办教育、合作办学，建设学习型社会。

其三要完善覆盖全民的社会保障体系。健全统筹城乡、可持续的基本养老保险制度、基本医疗保险制度，加快建立基本养老保险全国统筹制度，加快落实社保转移接续、异地就医结算制度，健全退役军人工作体系和保障制度，努力做到应保尽保。

其四要强化提高人民健康水平的制度保障。健康是民族昌盛和国家富强的重要标志。要坚持关注生命全周期、健康全过程，完善国民健康政策，深化医药卫生体制改革，加快现代医院管理制度改革，让广大人民群众享有公平可及、系统连续的健康服务。

## 坚持和完善共建共治共享的
## 社会治理重要制度

坚持和完善共建共治共享的社会治理重要制度，是坚持和完善中国特色社会主义制度、推进国家治理体系和治理能力现代化的重要任务。总的目标，是完善党委领导、政府负责、民主协商、社会协同、公众参与、法治保障、科技支撑的社会治理体系，建设人人有责、人人尽责、人人享有的社会治理共同体，确保人民安居乐业、社会安定有序，建设更高水平的平安中国。

夯实正确处理新形势下人民内部矛盾有效机制，是保持社会安定团结的关键。要坚持和发展新时代"枫桥经验"，畅通和规范群众诉求表达、利益协调、权益保障通道，完善信访制度，完善社会矛盾纠纷多元预防调处化解综合机制，努力将矛盾化解在基层。

完善社会治安防控体系，是提高动态化、信息化条件下驾驭社会治安局势能力的基础工程。要坚持专群结合、群防群治，织密社会治安的天罗地网。提高社会治安主体化、法治化、专业化、智能化水平，增强社会治安防控的整体性、协同性、精准性。

健全公共安全体制机制，事关改革发展稳定大局。要完善和落实安全生产责任和管理制度，健全公共安全隐患排查和安全预防控制体系，健全风险防范化解机制。构建统一指挥、专常兼备、反应灵敏、上下联动的应急管理体制，全面提高应急管理能力和水平。

构建基层社会治理新格局，是我国社会治理的基础和重心。要推动社会治理和服务重心向基层下移，把更多资源、服务、管理下沉到基层，健全党组织领导的自治、法治、德治相结合的城乡基层治理体系，健全社区管理和服务机制，更好提供精准化、精细化服务。

完善国家安全体系，维护国家安全，是我们党治国理政一条重要经验。要坚持总体国家安全观，以人民安全为宗旨，以政治安全为根本，以经济安全为基础，以军事、科技、文化、社会安全为保障，健全国家安全体系，增强国家安全能力，坚决维护国家主权、安全和发展利益。

## 坚持和完善生态文明重要制度

生态文明建设是关系中华民族永续发展的千年大计，是实现中华民族伟大复兴的战略安排。党的十八大以来，以习近平同志为核心的党中央把生态文明建设摆在现代化建设全局位置，坚定贯彻新发展理念，不断深化生态文明体制改革，加强制度创新，开创了生态文明建设新局面。实践证明，生态文明建设是一场涉及生产方式、生活方式和价值观念的革命性变革，必须有一整套完备、稳定、管用的制度体系来保障，着力破解制约生态文明建设的体制机制障碍。

自然生态系统各要素之间具有相互依存、相互制约、相互影响的内在关联，生态文明建设不能头痛医头、脚痛医脚，必须全方位、全地域、全过程加强生态保护，必须遵循生态系统内在的机理和规律，进行整体保护、系统修复和综合治理。这就必须从"五位一体"总体布局高度对坚持和完善生态文明重要制度作出系统安排。既要加强"源头严防"，坚持人与自然和谐共生，坚守尊重自然、顺应自然、保护自然的理念，实行最严格的生态环境保护制度，健全从源头预防的生态环境保护体系；又要加强"过程严管"，全面建立资源高效利用制度，健全生态保护和修复制度，筑牢生态安全的坚实屏障；还要做到"后果严惩"，建立生态文明建设目标评价考核制度，推进生态环境保护综合行政执法，严明生态环境保护责任制度，对破坏生态环境的行为严惩重罚、对造成严重后果的人员追究责任。如此统筹兼顾、整体施策、多措并举，切实把生态文明重要制度的合力充分发挥出来，建设美丽中国就有了更为坚实的制度保障。

## 坚持和完善"一国两制"重要制度

"一国两制"是中央治理香港、澳门两个特别行政区的基本制度，也是解决台湾问题、实现祖国和平统一的重要制度。香港回归 22 年、澳门回归 20 年的历史表明，"一国两制"是中国特色社会主义一个伟大创举，是香港、澳门保持长期繁荣稳定的最佳制度安排。

坚持和完善"一国两制"重要制度，首先要全面准确理解和贯彻"一国两制"方针，坚持"一国"是实行"两制"的前提和基础，"两制"从属和派生于"一国"并统一于"一国"之内，绝不容忍任何挑战"一国两制"

底线的行为，绝不容忍任何分裂国家的行为。同时，要把坚持"一国"原则和尊重"两制"差异、维护中央对特别行政区全面管治权和保障特别行政区高度自治权、发挥祖国内地坚强后盾作用和提高特别行政区自身竞争力结合起来，根据新的实践和需要完善特别行政区的相关制度和机制，在实践中坚持和完善"一国两制"。

健全中央依照宪法和基本法对特别行政区行使全面管治权的制度，是坚持和完善"一国两制"的根本要求。宪法和基本法共同构成特别行政区政权架构、政治运作、法律制度、社会治理的宪制基础，共同确立了特别行政区的宪制秩序。全面准确贯彻"一国两制"方针，关键就是要严格按照宪法和基本法对特别行政区实行管治，建立健全特别行政区维护国家安全的法律制度和执行机制，健全特别行政区行政长官对中央负责的制度。坚决防范和遏制外部势力干预港澳事务和进行分裂、颠覆、渗透、破坏活动，确保香港、澳门长治久安。

坚定推进祖国和平统一进程、完成祖国统一大业，是中华民族伟大复兴的必然要求。解决台湾问题，实现祖国完全统一，是全体中华儿女共同愿望，是中华民族根本利益所在。要坚持党对对台工作的集中统一领导，充分发挥中国特色社会主义制度优势，奋发有为做好新时代对台工作，坚定推进祖国和平统一进程。

## 坚持和完善外事工作重要制度

外事工作在党治国理政全部工作中居于极为重要的位置，外事工作制度在中国特色社会主义制度体系中是极为重要的组成部分。党的十八大以来，以习近平同志为核心的党中央主动谋划、开拓进取，走出了一条中国特色大国外交新路，对外工作取得历史性成就。

当今世界正经历百年未有之大变局，我国正处于实现中国民族伟大复兴关键时期。在新的形势下，坚持和完善外事工作重要制度，就是要高举和平、发展、合作、共赢的旗帜，统筹国际国内两个大局，统筹发展安全两件大事，牢牢把握坚持和平发展、促进民族复兴这条主线，维护国家主权、安全、发展利益，为和平发展营造更加有利的国际环境，为实现"两个一百年"奋斗目标、实现中华民族伟大复兴的中国梦提供有力保障。

坚持和完善外事工作重要制度，最根本的是健全党对外事工作领导体制机制，加强党中央对外事工作的集中统一领导。坚持外交大权在党中央，深入推进对外工作体制机制改革，统筹协调党、人大、政府、政协、军队、地方、人民团体等的对外交往，统筹协调驻外机构各方面各领域工作，加强党总揽全局、协调各方的对外工作大协同格局，确保党中央外交大政方针和战略部署贯彻落实。

中央外事工作委员会作为党中央外事工作的决策议事协调机构，负责对外工作领域重大工作的顶层设计、总体布局、统筹协调、整体推进、督促落实。习近平总书记在主持召开中央外事工作委员会第一次会议时强调，中央外事工作委员会要发挥决策议事协调作用，推动外交理论和实践创新，提高把方向、谋大局、定政策能力，抓好重点工作的推进、检查、督办，为外事工作不断开创新局面提供有力指导。要在中央外事工作委员会集中统一领导下，统筹做好地方外事工作，从全局高度集中调度、合理配置各地资源，有目标、有步骤推进相关工作。

## 坚持和完善党和国家监督重要制度

党和国家监督体系是党在长期执政条件下实现自我净化、自我完善、自我革新、自我提高的重要制度保障。世界上一些大党老党之所以丧权亡党，一个重要原因就是忽视、缺乏监督制约。我们党的历史也表明，什么时候监督制约搞得科学有效，能够及时发现和解决问题，什么时候党内政治生态就比较清朗，党和国家事业发展就比较顺利。党的十八大以来，党中央从政治和全局高度推进监督体制改革并取得显著成效，初步形成党和国家监督体系总体框架。党的十九届四中全会第一次明确了党和国家监督体系在中国特色社会主义制度和国家治理体系中的重要定位，明确提出必须健全党统一领导、全面覆盖、权威高效的监督体系，表明我们党对长期执政条件下勇于进行自我革命的认识达到一个新的高度。

坚持和完善党和国家监督重要制度，涉及各级各类监督主体、监督制度，是一项复杂的系统工程。最基本、第一位的任务，就是完善党内监督体系，重点加强对高级干部、各级主要领导干部的监督，强化政治监督、深化纪检监察体制改革、完善派驻监督体制机制，以党内监督为主导，推动各类监督有机贯通、相互协调，增强监督合力。还要完善权力配置和运行制约机制，坚持权责法定、权责透明、权责统一，严格执行一系列强化监督的规定，切实防止权力滥用。再就是要构建一体化推进不敢腐、不能腐、不想腐体制机制，坚定不移推进反腐败斗争，深化标本兼治，巩固和发展反腐败斗争压倒性胜利。

制度的生命力在于执行。坚持和完善中国特色社会主义重要制度，乃至坚持和完善中国特色社会主义根本制度、基本制度，既要在建制度、立规矩上下功夫，更要在抓落实、抓执行上下气力，真正让铁规发力，让禁令生威，切实推动制度优势转化为治理效能。

（原载《学习时报》2019 年 12 月 6 日）

# 为推进国家治理体系和治理能力
# 现代化贡献力量

　　党的十九届四中全会审议通过的《中共中央关于坚持和完善中国特色社会主义制度、推进国家治理体系和治理能力现代化若干重大问题的决定》，系统阐述了坚持和完善中国特色社会主义制度、推进国家治理体系和治理能力现代化的重大意义、总体要求、科学内涵、主要任务、实践途径，从制度形态科学回答了新时代坚持和发展什么样的中国特色社会主义、怎样坚持和发展中国特色社会主义的根本问题，是汇集全党智慧形成的又一项具有里程碑意义的重大理论创新成果和制度创新成果，丰富和发展了马克思主义国家学说。深入学习贯彻党的十九届四中全会精神，是全党全国一项重大政治任务。

　　中国特色社会主义制度是马克思主义基本原理同中国

具体实际相结合的产物，是我们党领导人民推进理论创新、实践创新、制度创新的成果，是人类制度文明史上的伟大创造。新中国成立 70 年来，中华民族之所以能迎来从站起来、富起来到强起来的伟大飞跃，最根本的是因为党领导人民建立和完善了中国特色社会主义制度，不断加强和完善国家治理，使我国国家制度和国家治理体系在国际竞争中赢得越来越大的比较优势，展现出强大的生机活力。中国的实践充分证明，治理一个国家，推动一个国家实现现代化，并不是只有西方制度模式这一条道路，各国完全可以走出自己的道路来。包括制度形态在内的中国特色社会主义现代化道路，向世界展示了现代化道路的多样性、人类文明的丰富性，对发展中国家具有现实的启迪和借鉴意义。特别是中国特色社会主义的巨大成功，使社会主义同资本主义的较量形成"东升西降"的新态势。与"西方之乱"相比，"中国之治"及其展现的中国共产党的治理能力，受到世界广泛关注。可以说，在人类文明发展史上，除了中国特色社会主义制度和国家治理体系外，没有任何一种国家制度和国家治理体系能够在这样短的历史时期内，创造出我国取得的经济快速发展、社会长期稳定的奇迹。我们学习贯彻党的十九届四中全会精神，一定要增强中国特色社会主义制度自信，推动我国国家制度和国家治理体系多方面的显著优势更加充分地发挥出来。

中国特色社会主义制度是一个严密完整的科学制度体系，起"四梁八柱"作用的是根本制度、基本制度、重要制度。所谓根本制度，是指那些反映中国特色社会主义制度本质内容和根本性特征、体现中国特色社会主义质的规定性的制度，是立国的根本。如党的领导制度、人民代表大会制度、马克思主义在意识形态领域指导地位的根本制度、党对人民军队的绝对领导制度等。所谓基本制度，是指那些体现我国社会主义性质、框定国家基本形态、规范国家政治关系和经济关系的制度。如中国共产党领导的多党合作和政治协商制度、民族区域自治制度、基层群众自治制度、社会主义基本经济制度等。所谓重要制度，是指那些由根本制度、基本制度派生的国家治理各领域各方面的主体性制度。如经济、政治、文化、社会、生态文明、军事、外事等领域的主体性制度。党的十九届四中全会把中国特色社会主义制度明确为根本制度、基本制度、重要制度，坚持根本制度、基本制度、重要制度相衔接，统筹制度改革和制度运行相统一，规定了坚持和完善中国特色社会主义制度这一根本方向，又从改革发展稳定、内政外交国防、治党治国治军等方面提出了完善制度、提高制度执行力的重要任务和举措，标志着我国国家制度和国家治理体系更加系统化、整体化、规范化。

中国共产党领导是中国特色社会主义最本质的特征，是中国特色社会主义制度的最大优势。在我国国家治理体系中，中国共产党是最高政治领导力量，党的领导制度是党和国家各领域各方面制度的"纲"，是中国特色社会主义制度"四梁八柱"的"主梁"，处于统筹、统领、统帅的地位。党的十九届四中全会把坚持和完善党的领导制度体系，提高党科学执政、民主执政、依法执政水平，放在坚持和完善中国特色社会主义制度、推进国家治理体系和治理能力现代化的首要位置，突出了党的领导制度在国家制度和国家治理体系中的统领地位，而且首次从6个方面阐述了坚持和完善党的领导制度体系的基本要素，从指导思想到重大观点再到具体措施，都体现了坚持和加强党的领导的要求。这些新概括新规定，抓住了国家制度建设和国家治理的关键和根本，有利于使党的领导制度化、具体化、规范化，确保把党的领导落实到国家治理的各领域各环节各方面。我们学习贯彻党的十九届四中全会精神，就要进一步深化对坚持和加强党的全面领导的认识，健全和完善党的领导制度体系，增强"四个意识"，坚定"四个自信",做到"两个维护",自觉在思想上政治上行动上同以习近平同志为核心的党中央保持高度一致。

（这是在首届国家治理现代化论坛、第八届中国行政改革论坛上的致辞，原载《行政改革内参》2019 年第 12 期）

# 发挥制度优势
# 推进应急管理现代化

　　新中国成立 70 年来，中国共产党团结带领中国各族人民充分发挥我国社会主义制度能够集中力量办大事的政治优势，建立健全与我国国情相适应的中国特色应急管理体系并取得历史性成就，我国应急管理能力显著提升。我们确立了"居安思危、预防为主"的方针，明确了"预防与应急并重、常态与非常态结合"的原则。我们制定出台了《突发事件应对法》等一系列法律法规和规章制度，编制了《国家突发公共事件总体应急预案》等大量应急预案，应急管理工作基本做到有章可循、有法可依。我们初步建立了统一领导、综合协调、分类管理、分级负责、属地管理为主的应急管理体制，形成了党委领导、政府负责、多方配合、全社会参与的应急管理工作格局。我们不断推进风险防范、应急准备、监测预警、信息报告、决策指挥、协调联动、舆论引导、调查评估、恢复重建等工作，初步形成了统一指挥、反应灵敏、协调有序、运转高效的应急管理机制。我们按照在现代复杂条件下有效应对突发事件的要求，全面加强应急队伍、物资、经费、交通、通信建设以及全社会公共安全意识教育，应急保障水平明显提高。我们本着开放合作的态度，积极参与防灾减灾救灾领域的国际合作，建立和完善国际防灾减灾救灾合作机制，加强国际防灾减灾救灾能力建设，受到国际社会好评。

特别是党的十八大以来，以习近平同志为核心的党中央把应急管理工作摆在更加突出的位置，对新时代全面加强应急管理、有效维护社会稳定和国家安全做出一系列重大决策部署，推动我国应急管理事业迈进新的历史发展阶段，开辟了中国特色应急管理理论和实践的新境界。一是推进应急管理理论创新，把"坚持总体国家安全观"作为新时代坚持和发展中国特色社会主义的一个基本方略，进一步确立了安全发展的理念和"生命至上、安全第一"的思想。二是推进应急管理体制改革，对应急管理相关职责进行整合，组建了各级应急管理部门，推动突发事件应对工作的综合管理、全过程管理和应急力量资源的优化管理，增强了应急管理工作的系统性、整体性、协同性。三是不断推进应急管理法律体系建设，制定修订《国家安全法》《网络安全法》《安全生产法》《反恐怖主义法》《生产安全事故应急条例》等法律法规，印发了《关于推进安全生产领域改革发展的意见》《关于推进防灾减灾救灾体制机制改革的意见》等政策文件。四是立足国情和灾害事故特点，积极适应"全灾种"救援需要，组建国家综合性消防救援队伍，推进新时代国家应急救援体系建设，实现从处置"单一灾种"向应对"全灾种""大应急"转变。五是发扬国际人道主义精神，积极推进应急救援国际交流与合作，有效履行跨境跨国重大救援任务，为构建人类命运共同体作出积极贡献。现在，一个中国特色的应急管理体系已经基本形成，并在突发事件应对中发挥了重要作用。

党的十九届四中全会审议通过的《中共中央关于坚持和完善中国特色社会主义制度、推进国家治理体系和治理能力现代化若干重大问题的决定》，全面回答了我国国家制度和国家治理体系应该坚持和巩固什么、应该完善和发展什么这个重大政治问题，是一个马克思主义的政治宣言和行动纲领。应急管理是国家治理体系和治理能力现代化的重要组成部分，加强应急管理体系和应急管理能力建设、有效应对风险挑战，是推进国家治理体系和治理能力现代化的内在要求。《决定》专门就健全公共安全体制机制做出部署，强调"构建统一指挥、专常兼备、反应灵敏、上下联动的应急管理体制，优化国家应急管理能力体系建设"，为我们全面推进应急管理体系和应急管理能力现代化提供了根本遵循、指明了努力方向。

我们要深入学习贯彻党中央和党的十九届四中全会关于应急管理的重大决策部署，从实现"两个一百年"奋斗目标和中华民族伟大复兴中国梦的战略高度，深刻认识应急管理在新时代国家治理体系和治理能力现代化中的特殊重要性，增强做好工作的使命感、责任感和光荣感。我们要深刻把握党的领导是中国特色社会主义最本质的特征，是中国特色社会主义制度的最大优势，在党中央集中统一领导下推进应急管理事业改革发展，把党的领导落实到应急管理的各领域各方面各环节。我们要深刻把握我国国家制度和国家治理体系的显著优势，发挥中国特色社会主义"一方有难、八方支援，全国一盘棋，上下一条心，集中力量办大事"的政治优势和组织优势，运用制度威力应对风险挑战的冲击。我们要紧密结合实际，创新和发展中国特色应急管理制度，推进应急管理理论创新、实践创新、制度创新，走出一条中国特色的应急管理新路子，不断提高应急管理体系和应急管理能力现代化水平。我们要贯彻全面依法治国新要求，适应应急管理体制机制改革需要，加快应急管理法律法规的制定修订工作，推进应急预案和标准体系建设，全面建设应急管理法律制度体系。我们要加强国际合作交流，完善和发展国际应急管理合作机制，讲好新时代中国特色应急管理故事，为共同构建普遍安全的人类命运共同体作出积极贡献。

（这是在中国应急管理创新论坛（2019）开幕式上的致辞，原载《中国应急管理科学》2019 年第 11—12 期）